伊斯蘭教的世界
Islam

宗教的世界

6

賈瑪・愛利雅思 *Jamal J. Elias* 著

盧瑞珠 譯

輔仁大學西洋史教授 羅漁 導讀

總　序

　　今日的有識之士和學生，都需要對當前這個小而複雜的世界，建立整體性的認識。五十年前或許你還不把宗教當一回事。但是，今天我們既已更加精明老練，就當看出宗教和意識型態不單形成了文明，更直接影響到國際事務。因此，值此即將進入廿一世紀之際，這幾本小書針對主要宗教提供了簡明、平衡，極具知識性的導引性介紹，其中一冊還介紹了當前宗教景況的變遷。

　　在今日，我們期望的不只是博學多聞，更盼能由當前這許多南轅北轍且極度複雜的宗教生活與信仰中，得到啓迪。這幾本極具見解且易讀的宗教簡介書，便可以帶你探索各種傳承的豐富內涵──理解它們的歷史、它們的信仰和儀式，同時也抓住它們對現代世界的影響所及。這些書籍是由一組優秀且相當年輕的學者所寫成，他們代表了宗教學術領域裡新一代的作家。這些作者在放眼宗教的政治與歷史性影響之餘，也致力於以一種新鮮而有趣的方式來展現宗教的靈性層面。所以，不管你是只對某一信仰的描述性知識感興趣，還是有心探索其中的屬靈信息，都將會發現這些簡介極具價值。

　　這些書著重的是現代這個時期，因為所有宗教都不可避免地因著過去兩百多年的創傷性經驗，而產生了變化。殖民主義、工業化、國家主義、宗教復興、新宗教、世界戰爭、革命，和社會轉型，豈僅影響到了信仰，更從中攫取了宗教和反宗教的勢力來重塑我們的世界。在過去二十五年裡，現代科技──由波音七四七到全球網路──在在都讓我們這個地球顯得

益形微小。就連月亮的魔力都難逃科技的捕捉。

我們也將在這些書裡遇見一些當代的人物，以爲過去這幾百年裡諸多改變的實例。同時，每本書都對宗教的不同向度（其教導、經文、組織、禮儀和經驗）提供了有價值的洞見。在觸及這些特色時，每冊書都設法爲其做成全面包容性的介紹，以幫助你了解隸屬某一特定信仰所具的意義。正如一美國原住民的諺語所言：「未能設身處地經歷別人的經驗以前，別遽下斷語。」

爲了幫助你做此探索之旅，書裡還包括了好些有用的參考輔助。每一本書都收納了一份編年表、地圖、字彙集、節慶表、加註的書單，和索引。精挑細選的圖片提供了宗教藝術、符號，和當前宗教儀式的範例。焦點方塊則更進一步的探索了信仰和某些藝術層面間的關係──不論是繪畫、雕刻、建築、文學、舞蹈或音樂。

我希望各位會覺得這些介紹既有意思且具啓發性。簡潔應是機智之魂──它也成爲我們初試此一文化與靈性主題介紹時最爲需要的。

加州大學比較宗教系教授
尼南・史馬特
Ninian Smart
1998年於聖塔芭芭拉

作者序

　　寫一本介紹宗教的書對作者來說是一連串艱難的挑戰，既要簡短、清楚又要讓人一目了然。上述的要求在介紹一個信徒遍布各個不同的文化社會，同時對西方世界又算是一個外來宗教的伊斯蘭教尤為重要。為使達到簡潔的目的，我選擇把焦點放在一些特定的族群，以便提供有關伊斯蘭教信仰及習俗的有關例證，對於其他部分我很抱歉無法提供滿意的答案。

　　為強調伊斯蘭教是一種生活傳統，我簡要地敘述它的歷史與思想。我也試著把重點擺在生活在不同社會環境中，卻同樣祈求和平的，關心日復一日生活的一般伊斯蘭教徒身上。我也試圖儘量避免報紙上有關伊斯蘭教，緊盯著阿富汗、阿爾及利亞等宗教狂熱份子的頭條標題新聞。

　　我儘量在使用學術界沒有標準化用法的專有名詞時採行一致的態度。例如，我用「穆斯林」代表信仰伊斯蘭教的男、女信徒，同時也從社會和歷史的觀點來形容那些伊斯蘭教教義，和伊斯蘭教徒的生活內容。這和我以「伊斯蘭教的」來形容那些主要的伊斯蘭教國家的非伊斯蘭教徒生活特點，如音樂、藝術不一樣，就像在書中使用「基督教徒」對「西方的」一樣。除非有非常的必要，我才會在書中使用阿拉伯文的專有名詞，同時採用最簡單的音譯法，有興趣的讀者可以很清楚的在本書最後的發音導欄中找到對照。阿拉伯文以英文複數的形態出現，必要時有些字會以單、複數形態同時出現。

　　這本書結合了過去約十年在伊斯蘭教方面教學的成果，我要感謝以前和現在分別在安赫茲、耶魯和布朗大學，讓我不斷

從新的層面思考相關內容的學生。對伊斯蘭教世界的研究，得到一些公司和學術機構的幫助，特別是安赫斯特學院。

　　為了寫這本書，我從為數眾多的伊斯蘭教國家和美國友人處擷取資訊。過去幾個月我從直接連繫中獲得書中寶貴資料的人包括：伊克巴‧阿眉（Eqbal Ahmed）、蕾以拉‧阿眉（Leila Ahmed）、維琪妮亞‧艾克森（Virginia Aksan）、阿代爾‧阿魯契（Adel Allou-che）、吉哈德‧布林（Gerhard Bowering）、阿密拉‧巴圖洛維（Amila Buturovic）、麥可‧庫柏森（Mi-chael Cooper-son）、阿朗‧卡德拉（Alan Godlas）、佛妮‧哈達（Yvonne Had-dad）、法魯克‧哈密（Farooq Hamid）、南茜‧希爾（Nancy Hill）、阿眉德‧卡拉瑪斯塔法（Ahmet Karamustafa）、尼塞特‧卡雅（Nevzat Kaya）、阿眉德‧庫雅（AmhetKuyas）、阿里‧密爾雪帕絲（AliMirsepassi）、德維特‧雷諾德（Dwight Reynolds）、阿眉‧塔斯彼伊（Amhed Tasbihi）、蕭克‧圖拉瓦（Shawkat M Toorawa）、莎拉‧武波（ESarah Wolper）、奧斯蒙‧訝雅（Os-man Yahya）。有些人的名字可能被我忽略了，但這些人和上述其他人都可以替這本即將出版的書做見證。

　　我要感謝編輯美拉妮‧懷特小姐（Melanie White），康恩＆金（Calmann ＆ King）公司，耐心等候我在進度上所造成的延誤；夏莎‧巴希爾（Shahzad Bashir）替我校對手稿並提出批評；梅林‧馬蘇（Mehrin Masud）仔細閱讀內容並給予我明確的意見。

麻州安赫茲學院宗教系助理教授
賈瑪‧愛利雅思
Jamal J. Elias
1998.6

導　讀

　　伊斯蘭教舊稱回教，是基於唐朝西北回紇民族首先信仰故名。它是地球上最大的宗教之一，信徒數目已達十億之多，與天主教的統計數字媲美，其中三百五十萬爲非阿拉伯籍伊斯蘭教徒。他們大致住在中東、東南亞及非洲，而歐、美比較少。伊斯蘭教如其它的大宗教一樣，也分了許多派；穆罕默德曾預言，他所創立的教會將會產生七十三種異說。但爲便於述說，把主要的派別分三大類：即素尼派、什葉派和蘇非派。茲簡略介紹於下：

　　一、素尼派（Sunnites）由 Sunna（索那，意爲傳統）一詞而來。該派主張穆罕默德的繼承人應選舉產生。對教義、教律與道德，除《古蘭經》外，尙有「傳承」（Traditions）作準則，它包括「穆氏語錄」，即「哈地斯」（Hadith，即穆氏與六位早期信徒兼親密夥伴的對話錄）、哈里發的訓示及由奧馬亞王朝所編纂的「伊斯蘭教法典」。所謂六夥伴：阿布・伯克（Abu-Bek）、奧馬爾（Omar）、阿穆爾（Ahmr）、卡利德（Kalide）、卓巴伊爾（Zobazir）和塔爾哈（Tarha）。由於穆聖死前沒有遺囑，六夥伴決定先由阿布・伯克擔任哈里發（任期爲634-637），後者臨死之際、指奧馬爾爲繼（任期爲 634-644）；奧氏被什葉派教徒刺重傷死前，五夥伴再委年高的鄂斯曼（Othman）爲第三任哈里發。鄂氏雖是穆氏的徒弟，但出自穆氏的仇家，結果被五百位什葉派教徒用毒劍砍死，這時穆氏的家族哈西米德方推出阿里（Ali）出任第四任哈里發（任期爲 644-656）；此時什葉派教徒方感到愉快。所謂「傳承」，什葉派根

本不接受。可是素尼派人樂意奉行，他們的人數較什葉派多得多：埃及一〇〇％、沙烏地阿拉伯九八％、印度、約旦、土耳其各爲九〇％、叙利亞、巴基斯坦、阿富汗各爲八五％，而俄羅斯亞洲部分也有四千萬，皆屬素尼派。中國伊斯蘭教徒爲五大民族之一，數字爲兩千五百萬，全爲素尼派。

二、什葉派（Shiites），由 Shiah（目標至一）而得名。該派強調穆罕默德的義子阿里及其子孫應爲穆氏的繼承人，反對以選舉而產生。所以他們批評前三位哈里發爲僭越；此外遵《古蘭經》爲伊斯蘭教民信仰與道德的惟一準繩。基於阿里次子胡笙（Husein）曾聘波斯薩薩尼德王朝（Sassanid Dynasty）末帝公主薩巴努（ Princess Shahbanu）爲妻，因此該派在伊朗特別興盛，佔伊斯蘭教民九二％。黎巴嫩佔六九％、伊拉克佔五五％、北葉門佔五〇％。

該派又分爲三大派，即十二什葉派、伊斯瑪派和沙伊德派。「伊瑪姆」（Imam），意指「領袖」。「大伊瑪姆」，爲回教領袖；「小伊瑪姆」是週五在清眞寺領導禮拜之人。可是對什葉派而言，伊瑪姆爲「教主」，每時代應有一位，是阿拉所委任，爲他在世的代表，神聖無玷不會犯罪，奉爲「教主」。對他的定義、特性與權力等……可從第六位伊瑪姆雅法爾·沙迪（Jafar-al-Sadiq）衆多著作中找到。對什葉三大派簡略介紹於下：

1.「十二什葉派」（Twelver），因相信「教主」有十二位而得名，當然有阿里，其二子哈珊（Hasan）和胡笙及他的子孫先後計十二人；第六位教主雅法爾·沙迪，爲什葉派與伊斯瑪利派共同奉爲「教主」者，是位操守與宗教知識最卓越之人。死後其長子伊斯瑪伊耳（Ismail，卒於765）爲第七任教主；但

有些信徒擁護其弟穆沙（Musa，卒於799）為第七任教主，此即所謂「七世派」。但十二什葉派相信下傳至第十二任教主、也是最後一位，教主名為瑪迪（Muhammad al-Mahdi），西元八七四年「隱身」失蹤，直到世界末日再回來，作救世主與惡魔交戰，而後帶著死而復活的忠實信徒一起升天國。這與猶太教稱末日時，古猶太聖祖以諾（Enoch）與先知以利亞（Elias）將殺死「現世的主人翁」——惡魔類似。天主教有基督末世要回來的傳說（但非信條），將降服「偽基督」——魔鬼（Antichrist）等⋯⋯是大同小的。大半伊朗回教徒為十二什葉派，其高級神職稱「阿亞托拉」（Ajatollah），革命領袖柯梅尼（Khomeini）就享有這未死後隱身，直到世末才再。

2.伊斯瑪派（Ismailis）奉伊斯瑪伊為第七位教主。認為第七任教主在公審判後率領眾信徒上升天國。該派自然也是「七世派」。

西元十世紀伊斯瑪伊利派成為北非最大的伊斯蘭教團體，並在埃及建立法蒂瑪王朝（Fatimid Dynasty），唐朝稱「綠衣大食」，開羅是他們興建的。此派又分為許多派，在印度、巴基斯坦、葉門等地有這派信徒。

3.沙伊德派（Zaydis）只接受最初四位教主，對第五位則分兩派：多數支持長子穆罕默德・巴吉爾（Muhammad Baqir，卒於731）為第五任教主，少數支持其次子沙伊德（Zayd，卒於740）為教主，因此這批教徒稱「沙伊德派」，只信七位為教主，為「七世派」之一。

他們認為凡有能力抵禦外侮者才是伊斯蘭教民的教主，否則只能做較低級的領袖。該派信徒不多，只葉門才有。

什葉派深信有「救主」比有「先知」更重要，所以有人在

家中懸掛阿里的像而不掛穆聖的像，阿里及其子胡笙的墓成爲該派著名朝聖地，而不常去麥地那朝謁穆聖的陵寢。

三、蘇非派（Sufistic）由 Sufi（虔誠）一詞而來，爲伊斯蘭教神祕派，重修身克己，與神親密交往，對古蘭經嚴格採字義解，無政治色彩，用舞蹈、歌唱取悅阿拉。伊朗、印度有這派團體，他們神職的權力對信徒非常大。

伊斯蘭教接受由神啓示的經書有四：摩西五經、舊約大衛聖詩、耶穌的四福音和古蘭經，不過後者爲最後、也是最重要的啓示。古蘭經記載天使加百列（Gabriel）奉神命、把古蘭經分多次口授給穆聖聽（穆聖和耶穌一樣，不曾親手撰寫什麼留給後世）。穆聖謂人類有七週期有先知出現：首先是原祖亞當、亞當第三子塞德（Seth）、諾亞、亞伯拉罕、摩西、耶穌和穆罕默德，他是最後、也是最偉大的先知。

耶路撒冷爲也是伊斯蘭教徒的聖城：古蘭經載西元六二一年七月廿七日穆聖魂遊耶路撒冷，一頭名叫布拉克（Buraq）的白色靈馬（呈騾身、孔雀尾和少女頭），在猶太聖殿東側等著他，把他帶到第七層天，由天使加百列引導到達天國裡。在那裡穆聖看見猶太諸聖：摩西面赤紅，耶穌身材中等、不漂亮、臉有雀斑，亞伯拉罕長得和他一模一樣，還率領衆天使向阿拉禱告一番。次晨穆聖發現自己仍睡在麥加床上，從此耶路撒冷成爲伊斯蘭教徒的第三聖城。穆聖起初原要信徒每日頭向耶路撒冷叩拜，自西元六二四年麥地那的猶太人不接受他爲彌賽亞，再加某猶太少年戲弄一阿拉伯少女，因而引起兩族互鬥，互有死傷，結果七百多人被驅逐出境。從此穆聖要信徒每日頭向麥加與卡巴聖寺叩拜迄今。

伊斯蘭教不拜偶像，但非如作者言穆聖怕阿拉伯受印度與

奈及利亞拜偶像的傳染，實際上穆氏是受猶太人舊約的影響；實際上麥加卡巴聖寺內曾有一百多尊偶像，其中還有阿拉的三位女兒呢！

伊斯蘭教如猶太人一樣，男子都接受「割禮」。古蘭經雖不曾記載，但在穆氏語錄中曾敘述清楚：言他們兩族的共同祖先亞伯拉罕首開先例，年八十歲時，奉主命自己割去包皮，作為神之「選民」的憑據；此後男嬰生後第七天皆行此禮。穆聖的兩個孫子都在第七天行割禮。可是穆聖的堂弟伊班‧阿巴斯（ibn Abbas）在十歲際才行割禮。所以在伊斯蘭教世界裡，行割禮有在第七天或十歲舉行，而馬來西亞男孩到十三歲，快成年期才行，父母屆時大宴親友，少年會收到許多禮物！

總之，伊斯蘭教是今日世界大宗教之一，中國伊斯蘭教民屬五大民族之一，人口為兩千五百萬，多住在新疆、陝甘、寧夏數省；其它內陸各省，如河南、東北回民也相當的多。台灣伊斯蘭教徒雖然不多，也有五萬餘，其中二萬住在北市，多是西元一九四九年播遷來台的。在台北市辛亥路尚有一座清真寺，規模較小，為伊斯蘭教青年會所有。西元一六六一年鄭成功曾有部下為伊斯蘭教同胞，跟他移來台灣，居基隆與鹿港；迄今他們不食肉、不拜偶像及不採火葬，人數不十分多。欣聞西元一九九九年十月二日，台北市政府宣佈新生南路清真寺為市護「古蹟」。該寺是西元一九六〇年政府為歡迎沙烏地阿拉伯國王費塞特意修築的，據稱費塞王也曾捐獻不少基金！

輔仁大學西洋史教授
羅　漁
1999.11.20

目　錄

伊斯蘭教編年表

古代末期	事　件
西元570年	先知(Prophet)穆罕默德在麥加誕生。
619年	先知的第一任妻子，首位皈依伊斯蘭教的卡迪雅(Khadija)去世。
622年	黑蚩拉(Hijra)：穆罕默德和支持者從麥加(Mecca)逃亡麥地那(Medina)，伊斯蘭教年曆開始。
630年	征服麥加。
632年	先知告別式朝聖與去世。
632年	先知之女，阿里(Ali)之妻法蒂瑪(Fatima)逝世。
632-4	阿布·巴克(Abu Bakr)成為首任哈里發(Calipha穆罕默德的繼承人)。
634-44年	伍瑪(Umar)擔任哈里發。
635年	征服大馬士革。
639年	征服埃及。
640年	征服波斯。
644年	伍瑪逝。
644-656年	伍斯曼(Uthman)繼任為哈里發。
651年	波斯伊斯蘭教君主亞茲迪吉德(Yazdigird)逝。
653年	伍斯曼統治下，正式認可古蘭經(Qur'an)為伊斯蘭教經典。
656年	伍斯曼逝。

656-61年	阿里繼任爲哈里發。
657年	西汾(Siffin)之役，阿里的支持者和穆阿維亞(Muawiya)的軍隊作戰。
661年	阿里遭暗殺，穆阿維亞繼任爲哈里發。
661-750年	伍瑪亞德(Umayyad)王朝建立（或稱白衣大食）。
678年	先知妻、伊斯蘭教社會早期最具影響力者之一，阿伊莎(A'isha)去逝。
680年	先知孫、阿里次子胡笙(Husayan)在卡巴拉(Karbala)殉道。
711年	征服西班牙。
711-12年	征服印度河流域。
750年	伍瑪雅德王朝被阿巴斯王朝(Abbasid)（或稱黑衣大食）所取代。
762年	巴格達成爲哈里發與阿巴斯王朝首都。
765年	什葉派(Shiʿ)第六任伊瑪姆(Shiʿi Iman；教長)雅法·阿沙迪(Jaʿfar Sadiq)去世，他是最後一位被十二什葉派(Twelver Shiʿis)和伊斯瑪派(Ismaʿilis)共認的教主，因有豐富的宗教知識而受到高度的尊崇。
767年	偉大的法律學者阿布·哈尼法(Abu Hanifa)去世。
784-6年	西班牙科爾多巴(Cordoba)建大清眞寺。
786-809年	著名的哈龍·阿拉謝(Harun al-Rashid)哈里發建立王朝。
801年	苦行神祕者拉比·亞阿拉德維亞(Rabiʿa al-Adawiya 去世。

813-33年	阿瑪姆(al-Ma'mun)統治阿巴斯王朝,在位期間是伊斯蘭教學術和文學最豐富的時期。主要的神學討論議題已超越古蘭經的本質。
817年	什葉派和(正統派)桑尼派(Sunni)兩大教派試圖和解。
820年	伊斯蘭教法律學者阿夏非(al-Shafii)去世。
855年	精研教義及法律的學者伊邦·漢巴耳(Ibn Hanbal)去世。
870年	著名的哈地斯(Hadith;為記載穆罕德及其追隨者言行)之集編撰者布卡雷(Bukhari)去世。
874年	什葉派第十二位伊瑪姆,穆罕穆德·卡印(Muhammad al-Qa'im)隱身,直到世界末日的幾個事件發生才會再現身。
875年	另一位哈地斯的主要編撰者伊邦·阿哈雅(Ibn al-Hajjaj)去世。
890年	什葉派伊斯瑪里(Isma'ili)首次出現,伊朗發生宗教與政治暴動。
900年	什葉派沙伊德(Zaydi)在葉門興起。
928年	由韓丹·卡瑪(Hamdan Qarmat)所領導的伊斯蘭教伊斯瑪極端派的支持者進攻麥加並褻瀆卡巴聖寺(Ka'ba)。
935年	偉大的伊斯蘭教教義學者阿沙里(al-Ashari)去世。
950年	哲學家阿法拉比(al-Farabi)去世。
970年	開羅興建阿薩清眞寺(Al-Azhar)。
1037年	哲學家伊邦·西納(Ibn Sina),西方稱為阿維仙納(Avicenna)去世。

1064年	伊斯蘭教教義學者、哲學家、詩人和法律哲學家伊邦·漢斯(Ibn Hazm)去世，他可能也是西班牙伊斯蘭教中最偉大的學者。
1075年	曼吉卡特(Manzikert)戰役，塞爾柱土耳其人(Seljuk Turks)打敗拜占庭(Byzantine)帝國，且俘虜皇帝羅馬努斯(Roma-nus Diogenus)。此後，拜占庭的領土不斷遭到入侵和騷擾。
1099年	十字軍(Crusaders)攻下耶路撒冷。
1111年	著名的伊斯蘭教教義學者阿加沙里(Al-Ghazali)去世。
1153年	著名的伊斯蘭教歷史學者穆罕默德·夏拉斯塔尼(Muhammadal-Shahrastani)去世，著《伊斯蘭教教派與各派教義》(Book of Religions and Sects)一書。
1187年	薩拉丁(Saladin)從十字軍手中奪回耶路撒冷。
1198年	西班牙著名的哲學家伊邦·魯斯〔Ibn Rushd；西方稱他為阿威羅埃(Averroes)〕去世。
1220年	蒙古入侵伊斯蘭教世界。
1240年	偉大的西班牙研究神祕學的哲學家伊邦·阿拉比(Ibnal-Arabi)去世。
1258年	蒙古佔領巴革達，結束阿巴斯王。
1260年	艾因加魯特(Ayn Jalut)戰役，埃及馬穆魯克(Mamluks)打敗了蒙古人，阻止他們入侵非洲。
1273年	著名神祕學詩人雅拉·阿丁·魯米(Jalal al-Din Rumi)去世。
1453年	奧圖曼土耳其人(Ottoman Turks)征服君士坦丁堡(Constantinople)。

1400年代末期	西非部分地區伊斯蘭教社會建立。
1492年	格拉納達(Granada)陷落,西班牙最後一個伊斯蘭教王國結束。
1501-24年	夏·伊士瑪一世(Shah Isma'il I)國王登基,建立伊朗第一個沙發維(Safavid)王國。
1502年	什葉派成為伊朗的主要教派。
1505年	埃及著名的歷史學家、文法學者及精研古蘭經的學者阿—蘇育迪(Al-Suyuti)去世。
1517年	奧圖曼土耳其人征服埃及,奧圖曼大帝同時宣稱擔任伊斯蘭教世界的哈里發,成為政教合一的君主。
1520-66年	奧圖曼帝國蘇丹,偉大的蘇萊曼一世宣告奧圖曼帝國是桑尼教派的主要統治者
1526-30年	巴布爾(Babur)皇帝在印度建立姆哈爾(Mughal)帝國。
1550年	伊斯蘭教傳抵高棉。
1550年中期	伊斯蘭教傳抵婆羅洲。
1550-7年	伊士坦堡建立蘇雷曼尼耶(Su-leymaniye)清真寺。
1609-14年	西班牙驅逐所有的伊斯蘭教徒
1624年	印度研究神祕學的改革者阿瑪達·西印迪(Ahmad Sirhindi)去世。
1744年	宗教改革者伊邦·阿達瓦哈普(Ibn Abd al-Wahhab)和穆罕默德伊邦·沙烏地(Muhammad Ibn Sa'ud)聯盟,共同領導建立沙烏地阿拉伯。
1792年	伊邦·阿達瓦哈普去世。

1798年	拿破崙進攻埃及。
1803年	西非建立阿拉伯和奧圖曼帝國統治轄區索科特(Sokoto)。
1817年	首位建立索科特的烏蘇曼・當・佛迪歐(Usuman Dan Fodio)去世。
1897年	改革者雅瑪・阿丁・阿拉卡尼(Jamal Ad-Din Al-Afghani)去世。
1898年	改革者沙伊・阿瑪卡(Sayyid Ahmad Kha)去世。
1906年	伊朗修改憲法。
1917年	廢除正統教派轄地。
1924年	土耳其是首先以伊斯蘭教為主要宗教的國家。
1939年	哲學家兼詩人穆罕默德・伊克巴(Muhammad Iqbal)去世。
1947年	巴基斯坦首尊伊斯蘭教為共和國國教。
1966年	伊斯蘭教改革者沙伊・庫德(Sayyid Urtb)去世。
1977年	伊朗活躍份子和宗教學者阿里・夏里亞悌(Ali Shari°ati)去世。
1979年	柯梅尼(Ayatollah Khomeini)建立信奉什葉派伊朗共和國。
1979年	伊斯蘭教改革者雅瑪阿德(Jama°t-t)創始者阿布拉朧・馬杜迪(Abu'l-Ala Mawdudi)去世。
1989年	柯梅尼去世。
1991年	蘇聯政體解散,所有曾為殖民地的伊斯蘭教共和國獨立。

1992年	波斯尼亞黑塞哥維那（Bosnia-Hereegovina）宣布獨立，爲歐洲唯一有大多數人民信奉伊斯蘭敎的地區；但不久被以塞爾維亞人爲主的南斯拉夫人民軍佔領，並展開一場種族大屠殺行動。
1998年	巴基斯坦成爲第一個試爆核子武器的伊斯蘭敎國家（1999年試爆成功）。

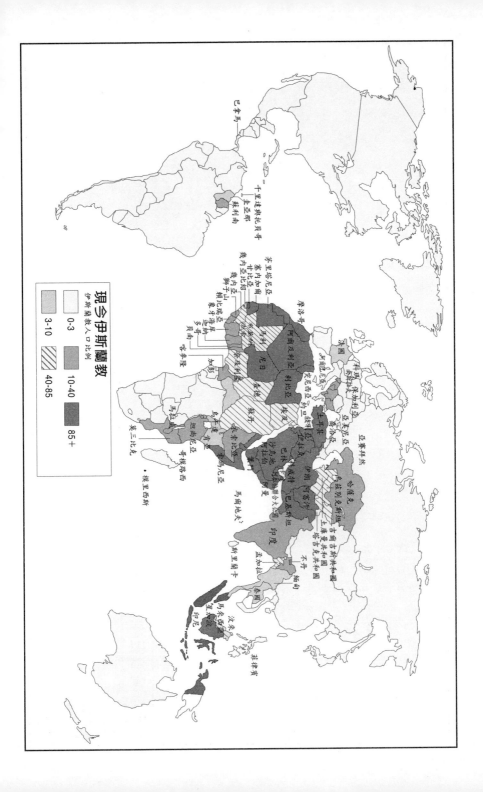

現今伊斯蘭教

伊斯蘭教人口比例

0-3
10-40
3-10
40-85
85+

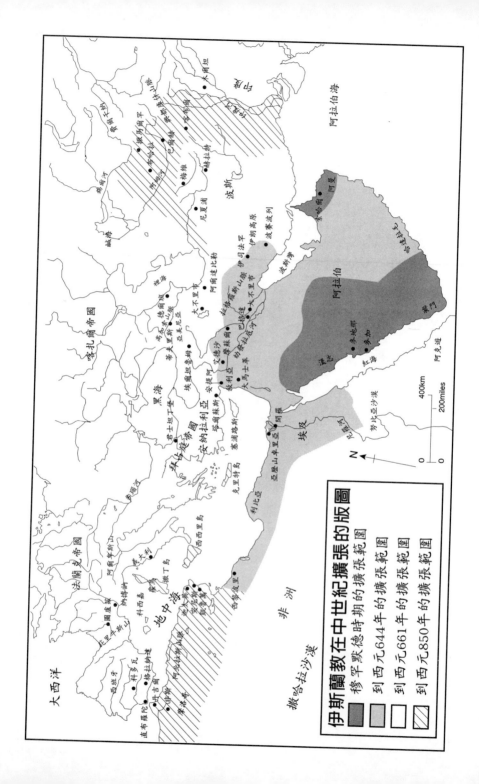

伊斯蘭教在中世紀擴張的版圖

穆罕默德時代的擴張範圍

到西元644年的擴張範圍

到西元661年的擴張範圍

到西元850年的擴張範圍

I 伊斯蘭教徒的日常生活與社會

Islam in Everyday Life and Society

身為一個移民到美國的伊斯蘭教徒，毫無疑問地，我對幼年成長的地方有很多懷念。我漸漸才明白，自己在新英格蘭的生活最缺乏的不是環境或日常生活的衣、食，或社交生活（雖然這些慾望都一直存在），而是伊斯蘭教對教友的祈禱呼喚聲，一般稱為**阿德漢**（ad-ham，或**阿彰**azan）。伊斯蘭教社會中最特別的一項儀式就是一天五次由教友高呼的祈禱聲。這呼聲在許多文化中都有音樂伴唱，雖然在部分的非洲地區並非如此，但在阿拉伯的語言中常常可以聽到下面的祈禱文：

真主是最偉大的！真主是最偉大的！真主是最偉大的！真主是最偉大的！我相信世界上除了真主以外沒有其他的神，我相信穆罕默德是真主的使者。來祈禱吧！來祈禱吧！來得到救贖！來得到救贖！真主是最偉大的！真主是最偉大的！世界上除了真主外沒有其他的神！

阿德漢是在每天五次的祈禱儀式開始前唸的，可能在**清眞寺**裡念，但更多敎徒在家中自行唸頌。就像信仰其他宗敎的敎徒一樣，大部分的伊斯蘭敎徒不十分遵守敎會的禮儀，祈禱也不常做。但對不常祈禱的伊斯蘭敎徒而言，祈禱文把一天的時間區隔開來（如同在許多基督社區中的敎堂鐘聲一樣），時時提醒那些生活在伊斯蘭敎社區的敎徒。

　　另一件重要的事是，阿拉伯世界將阿德漢視同**古蘭經**（Qur'an ；英文通常拼成 Koran ），伊斯蘭敎徒相信這部伊斯蘭敎經文是眞主口授，證實眞主活在日常生活中。這種藉由祈禱與上主密切連結的方式，在我成長的過程中，一直深植我心。在祈禱時不吃、不喝，也禁止一切無意義的交談，一直到儀式結束。我小時候，非常尊敬阿德漢在宗敎上的深義，也認爲它是我日常作息的警告。例如每當阿德漢聲響時，我若正聽音樂父母就要我停止；同時每天早上天快亮聽到第一次阿德漢聲時，我就學會不賴床的習慣。現在，每當我到一座美麗的城鎮時常聽到敎堂的鐘聲，但若到伊斯蘭敎城市做研究或是拜訪親友時，總是被淸晨的阿德漢聲叫醒。我衷心歡迎它提醒我的生活作息，因爲我發現這個聲音可以使我安心並勾起無限的回憶。

今日的伊斯蘭敎世界

　　伊斯蘭敎在世界上大約有十億信徒，在地球上只要有人居住的地方就有伊斯蘭敎徒。西元七世紀的時候，大約一百年左右，它從阿拉伯半島崛起而向外流傳到亞洲、非洲和歐洲等地。伊斯蘭敎思想和文化的影響較希臘對以基督敎徒爲主的歐

洲的影響還多。伊斯蘭教有許多重要的科學成就，例如代數系統、數字上的「零」和天文中星辰的軌道。伊斯蘭教對西地中海文化最重要的影響，從部分的英文字源自阿拉伯文字可以看到，而在西班牙和葡萄牙文中可以看到更多的例子。例如：代數、米、海軍上將、冰糕等字皆是。

伊斯蘭教歷史一個非常顯著的特色就是，所有信奉伊斯蘭教的國家都是從很久以前信奉到現在，恆久不渝，只有一個例外的，就是西班牙和葡萄牙。由於基督徒長期進行「光復失土」（Reconquista）運動，接著西班牙政府又先後進行「宗教裁判所」制度，使得該地伊斯蘭教信仰被有系統地連根拔除。即使如此，當一六一九年(距離基督徒於一四九二年光復西班牙後一百廿七年)伊斯蘭教和猶太教被正式公告驅逐出境時，仍有大約兩百萬的伊斯蘭教徒逃到西班牙的卡斯提爾王國（Kingdom of Castile），使得伊斯蘭教生活仍某種程度地融合在西班牙的生活中。

到現在伊斯蘭教仍然是世界主要宗教之一，廣布在不同性質的國家裡，例如西方摩洛哥、東方印尼、南方塞內加爾和北方哈薩克。這些國家信奉伊斯蘭教的方式都有些不同，可以從服裝和日常生活習慣，如出生和結婚儀式中看得出來。例如波西尼亞的伊斯蘭教徒的生活方式就和他們鄰近的基督徒相似，與巴基斯坦的伊斯蘭教徒不同。印尼伊斯蘭教徒的宗教生活就融合了不少印度教神話的色彩。在某些地方，當地的伊斯蘭教徒刻意在習俗上反應出他們和非伊斯蘭教徒鄰人的不同。例如，印度的伊斯蘭教徒在婚禮中吃特別的食物，不採用某些顏色或花朵，以區分與大多數印度教人的不同。這種區別可能稱為「誤點」（fault-lines），用以區分兩族的不同，包括語言、

種族、競賽項目、民族、兩性關係和對現代世界的態度、對殖民地主義的經驗、年齡、經濟地位、社會地位以及政治派系等。任何宣稱伊斯蘭教的信條皆一致的說法，都會在某些信奉伊斯蘭教的世界中找到例外。

即使如此，大多數的伊斯蘭教徒在宗教儀式中仍然保有相當的相似性，其中一個事實，幾乎在祈禱和禮拜時普遍用阿拉伯文進行。此外，即使他們強調民族主義與愛國主義，所有伊斯蘭教徒仍然相信他們屬於一個共同的伊斯蘭教社會「**翁瑪**」（umma）。為此，任何伊斯蘭教公民都必須熱切款待從遠方來的不同社會的其他伊斯蘭教徒，這在其他宗教社會裡是很少見的。有些在政治上特別活躍的伊斯蘭教徒，可能會從某些觀點批評其他伊斯蘭教徒是叛教者，但當這些被批評者遭遇到外來的威脅時（如在波西尼亞），他們仍會立即停止批評而表示同情並提供協助。

全世界伊斯蘭教徒的共同特色是他們信仰一個真神，他透過一位名叫**穆罕默德**（Muhammad）的人類先知，把啟示句句記載在古蘭經中。西元五七〇年穆罕默德生於阿拉伯的麥加，六三二年死於附近的麥地那城（Medina）①。在神的認證下，以特殊的方式，將啟示的本質與先知的內容揭示，雖然經過不同時代的著作記錄並解釋，但伊斯蘭教的中心思想從來沒有改變。

伊斯蘭教的神阿拉伯文稱**阿拉**（Allah），一般相信起源於「al-ilah」一字，意思就是「神」。在阿拉伯國家也稱「al-Rabb」，有「上主」之意。對神也用一般稱呼，例如在印歐語系叫「Khud（古德）」、在土耳其語系中叫「Tanri 或 Tengri（當理或丹格理）」。西方研究伊斯蘭教的學者認為阿拉是一位

嚴厲和易怒的神，祂視人類如奴隸一般，但人類害怕受懲罰又希望死後升天堂。然而對許多伊斯蘭教徒來說，真主所有的特質是慈悲為懷與富同情心的，吸引人們靠近它的原因不是因為害怕而不得不服從，而是發自內心對祂的感激。虔誠的伊斯蘭教信徒無論開始作每一件事，從宗教禮儀到世俗的事務，從上雜貨店購物開始，都常念經句！「奉真主之名，同情與慈悲並行」，這句經之是古蘭經首章第一句，是在每做一件事前應當背誦的。

真主的慈悲與同情，從宇宙間令人驚奇的複雜事件，到一般市井小民的身邊瑣事，都一一在伊斯蘭教徒面前驗證。其中最廣為流傳的是古蘭經第五十五章——〈真主的慈悲〉，利用詩文和紀錄清楚地記載真主所創造的事物，要人類不要忘記神的慷慨：

> 多麼慈悲啊！他教導古蘭經；創造人；教導他的語言。太陽和月亮和星星遵循計算好的軌道運行，植物與樹木彎下腰來叩拜他。將天空高舉，立下公平的規範讓人們不能逾越……在地球上滿佈生物，讓水果與棗椰子生長並訂下成熟的時間，讓玉米的外殼和梗做秣草，香甜的果實供食用。你能否認真主的恩典嗎？（55：1-13）

古蘭經中還有很多地方敘述真主的慈悲：

> 他給你任何所需，如果將所有阿拉所賜給的東西加起來，會發現永遠也數不完。事實上，人類對神不覺得公平和感恩。（14：34）

面對真主無所不包的慈悲，不遵從他就等於否認了祂的慷慨，這是醜惡的。在許多伊斯蘭教理論中也可以看到對古蘭經的闡述，神學家看見整個世界順從真主的命令，**伊斯蘭**（Islam）一詞就有臣服的意味。人類是萬物中唯一有反抗命令能力的受造物，倨傲地認為可以自給自足，不需要真主的支持和指引。

在伊斯蘭教傳承裡常敘述的觀點是，真主比人類自己更接近人類的血管大動脈，意指真主是無所不在的。在伊斯蘭教的宗教儀式中就強調真主永不休息，永遠傾聽和關心祂所創造的受造物的需求。在伊斯蘭教世界中流傳著一些奇蹟似的故事，如在一條魚身上顯出神的大名與「伊斯蘭教」信仰的特徵；或是一隻特殊的綿羊如何在羊群中唱出對真主的歌頌；在巴基斯坦一隻鴿子發出類似阿拉伯語「祂、祂」的咕咕聲；一隻松雞叫道「讚美您所創造的一切」。這些故事和基督教的世界（特別是美國）所見到一些故事雷同，但這些伊斯蘭教的故事卻強調了伊斯蘭教的信仰，那就是真主散佈在宇宙間，它永遠不斷地繼續關心我們生活。

許多伊斯蘭教徒眼中，伊斯蘭教是對真主神律的引伸，任何事情都是神律所由從出，這些伊斯蘭教徒稱為**穆斯林**（Myslim；陰性為**穆斯利馬** muslima）。教士和一般信眾最喜歡穆辛（Muhsin）和穆明（Mu′min）這兩個字，前者指正當與慈善的行為；後者則是指虔誠的信眾或信仰。伊斯蘭教中所指的信仰（iman），有安全、信任等意義在。對很多伊斯蘭教徒來說，信仰伊斯蘭教就是自動投入真主的保護下，依祂所提示的指引原則行事是最安全的。

在伊斯蘭教中信仰唯一真神稱**塔威德**（Tawhid），不只是指神的唯一性，同時也表示人對神堅定的信仰。信仰虔誠這個詞彙稱塔貴（Taqua），除了表示力量外，也有權力的意思。伊斯蘭教徒視他們和真主的關係是密不可分的，因此神造人是一種祝福，他的律法和約束不是一種苦難，而是提供生命指引的恩典。許多伊斯蘭教徒相信此生所面臨的生活就是對來生的考驗，真主藉由古蘭經和先知提供清晰的指引，如果我們不服從他，來生就會有不愉快的事等著我們。

古蘭經

對許多伊斯蘭教徒來說，古蘭經是這個物質世界上真主最偉大的指示。事實上，古蘭經中的各個章節都稱為阿雅（ayat；即指示之意）。每一篇的內容都強調它是一本「指引世界」的書，和「對那些了解伊斯蘭教的信徒清楚的指引」。它對那些沒有詳細啟示的事提供了道德上的指引，如一個人該如何生活、如何行事。一般伊斯蘭教徒相信，如同是神最後的啟

一名伊斯蘭教徒在安靜的清真寺中閱讀古蘭經。除了祈禱外，清真寺常成為研究和默想的地方。

示，古蘭經中包含了所有眞主對人性的啓示，因此在古蘭經的有限信息中，充滿神的智慧。「古蘭」一詞源自阿拉伯語，意指應閱讀或背誦的書。通常伊斯蘭教徒稱古蘭經，常會在前面加上敬語，例如「神聖的」或「高貴的」；也用「阿耳吉塔普」(al-Kitab；即經書之意)一詞與古蘭經互相使用。

以先知穆罕默德和多數虔誠的信衆的看法，古蘭經中所有的啓示都來自上天，保存在「嚴密看管的寶箱中」的神諭，是由神封印，超自然的神奇之書。穆罕默德本人並沒有立即看到全部的古蘭經，只是一部分而已。古蘭經中只有少數幾章提到神如何和穆罕默德溝通。事實上，後來從一些伊斯蘭教書籍中〔包括記載穆罕默德言行軼事的**哈地斯**(Hadith)〕，我們才了解到穆罕默德在接受眞主指示時常呈昏迷狀態，再把他所接收的訊息背誦給週遭其他的人聽。

穆罕默德相信，不止是他先知使者的任務，包括早期希伯來的先知們和猶太人及基督徒的聖經都是源自上天的經書，因此他所講的與前者所寫的不謀而合。較古蘭經早的有摩西、耶穌的福音和其他先知的經文。

雖然古蘭經中所講的故事和一些經由先知所傳授的一系列啓示，即希伯來聖經及新約聖經部分內容相通，但古蘭經的體裁比較像古阿拉伯的傳統信仰。經文既不是散文也不是詩歌，而是採用一種押韻的散文體，雖不似詩歌般，但較一般散文方便記憶。

古蘭經共分一一四章，稱爲**穌拉**(suras)。長度不一，有些長到幾頁，有些只有幾行。各章節並未依啓示的順序排列，而是依啓示所反映的事件排列，看來在長度方面是曾經過整理，從最長的到最短的。各穌拉傳統上都是依照名稱不是依照

號碼來定義，這些名字都是在前幾章節中出現過較不常見的字，例如，「牛」、「蜜蜂」、「無花果」、「日出」、「吵鬧者」等。各章再細分為節，稱為「阿雅（ayat）」。其中有二十九章是以不相干的字開始的，被稱為「神祕的字」（mysterious letters），代表神祕的宗敎意義，或只是古蘭經的一種編排方式而已。

　　古蘭經不全是在穆罕默德時期寫成的，而是分散在各種不同的地方，有些寫在羊皮紙上、有些寫在樹葉上、駱駝肩部較扁平的皮上或是憑藉穆罕默德追隨者的記憶。在穆罕默德死後，人們決定把它們集合起來，但也花了好幾年的時間才完成。有些人說，整個收集的工作共花了兩年的時間，由他的朋友和繼承者**阿布・巴克**（Abu Bakr，卒於634）完成。也有人說哈里發・伍瑪（卒於644）是第一個開始校正古蘭經的人。古蘭經的編定從一開始就有很多爭議，包括一些理論和早期的阿拉伯歷史，到誰做第一版的編排，和內容包括那些等。到了今天，大部分的人都同意，大家所使用的伊斯蘭敎經典書籍是古蘭經的眞本，是在西元六五〇到六五六年，由烏瑪的繼承者烏斯曼統治期間校正完成的。他決定那些內容要編排進去，那些不要；同時固定所有的號碼和章節順序。也就是說，有關古蘭經非正統的手抄本並沒有完全被忘記，而是在稍後的歷史和註釋古蘭經的書籍中出現。

　　當正式的古蘭經在伍斯曼統治期間校正完成並流傳出來時，對它的重要性就被誇大了。其中一點就是，在伊斯蘭敎徒間所流傳對古蘭經的認識是取決於背得多少，而不是撰寫多少。另一點是，早期在古蘭經中所使用的阿拉伯文是一種短式寫法，只有子音而無母音，同樣的一個字形可能有兩種以上的

伊斯蘭教藝術

伊斯蘭教的世界裡，除了書法和建築，還有很多不同藝術一直到今天仍然繼續流傳。編織藝術，特別是編織的地毯，到今天仍享有美譽；陶藝和玻璃製品也有悠久的歷史。事實上，在傳統的伊斯蘭教文化裡一直被忽略的視覺藝術是雕刻，因為雕刻被認為過於接近塑造宗教偶像和聖像。伊斯蘭教是非常反對崇拜偶像的宗教，它禁止對神或任何宗教英雄有任何形式的實體描寫，以免鼓勵信眾去膜拜。這種不容拜偶像的情況源自穆罕默德時期阿拉伯半島的宗教情勢，可能當時的伊斯蘭教徒與印度和奈及利亞其他宗教信仰人士之間來往而使偶像崇拜問題更形嚴重，當時的印度與奈及利亞等地仍以偶像崇拜為主。不止雕刻品，連雕刻匠都被視為企圖取代真主唯一的創造萬物的角色。

　　這種對雕刻的錯誤觀念常擴大到對所有形式的具體宗教藝術都加以反對。但是伊斯蘭教世界仍不乏描繪植物、動物、人類、甚至一些超自然的生物的藝術作品。通常放在書本裡的縮圖（Miniature Paintings），那些縮圖被公認為伊朗、中亞、印度和土耳其一帶上乘的藝術作品。

　　我們可以了解伊斯蘭教視覺藝術的豐富，儘管伊斯蘭教對人物畫持兩極化的觀點，那些使用在禮儀的神聖藝術，幾乎是不使用宗教主題的人或動物圖像，以及宗教性藝術。伊斯蘭教的藝術家常常描繪暗示性的「人物」形象，對某一特定生物則直接以具像表現。①

　　現代伊朗和土耳其某些人描繪穆罕默德的堂弟阿里（Ali）肖像時展現朦朧的感覺，阿里是什葉派（Shi'i）的第一位領袖。對絕大多數的伊斯蘭教徒都不是很喜歡這種表現手法，但是這和在牆上掛著象徵朝聖中心，具有重大意義的清真寺**天房**

（Ka'ba）的畫卻沒有多大分別。就較為抽象的層面而言，文學作品中對穆罕默德外在儀表的大量描述，在許多的伊斯蘭教社會中和讚揚先知的文學中都是很普遍的事，在伊斯蘭教徒心目中烙下了鮮明的穆罕默德形象，這種心裡的畫像跟掛在牆上的畫像並沒有什麼兩樣。因此，我們可推斷，許多伊斯蘭教徒仍覺得表像和實際肉眼看到的具體形象繪畫終究是不同的，因此對於心靈表像並不排斥。

由埃及的 Baybars Jashnagir 於西元1304-6所畫的古蘭經，第七章卷頭插畫的左半部。

發音。這種文字很易記憶，但同時預先假設讀者對內容都很熟悉。一直到阿巴德・阿瑪利克（Abd al-Malik，685-705）統治時期，才創造了現代的阿拉伯文，有了母音，同時一個字形配上一個固定的發音。

伊斯蘭教傳統中的古蘭經中心思想

　　相信古蘭經是神的話語，在伊斯蘭教中有深遠的含義：長久以來伊斯蘭教世界一直很抗拒將古蘭經由原來的阿拉伯文翻譯成其他的語文。現在雖然這種情形已經沒有了，一些傳統的規定仍然保留著，例如稱付印古蘭經為**馬沙伊**（masahif，單數為 mushaf；意即裝訂、或卷冊），這個字只能以單數型態出現，印墨與紙張無法完全涵蓋其神聖的字義。至今書商都不會在古蘭經上標示價錢；有意購買者詢價的適當用語是：這部經應合多少「禮」。

　　古蘭經特殊的地位遠超過語義所能涵蓋，直到今天為止，記得全部經文者仍享有很高的聲望，了解它全部含意者稱為**哈非斯**（hafiz；意指守護者），是一種榮耀的頭銜，在古蘭經還以口語傳頌及靠記憶的年代，守護者的主要任務就是確保這些內容一句不漏且完整無誤的流傳下去。在伊斯蘭教世界的兒童，不論是否認識阿拉伯文，都從古蘭經教授課程中學習阿拉伯文的寫法和發音。虔誠的伊斯蘭教徒總是設法在每天晚上唸一段古蘭經，以便在一個月內全部唸完一遍。不識字者則用手指頭順著經文溜一遍，深信可以從這種簡單的虔誠行為中得到祝福。

　　古蘭經同時成為祈禱的來源，以及禱告本身，它既是行為規範的指南，也是禮儀手冊。虔誠的伊斯蘭教徒以敬畏之心看

待古蘭經。他們不會把古蘭經和家中其他的書籍一起放在書架上，而是擺在家中一個崇敬的地方，必須要先經過一種宗教的儀式後才可以把它拿下來閱讀。通常人們都會把它放在一個特別的書架上，極其精緻美麗的書架成了伊斯蘭教藝術中的傑作。古蘭經本身就是藝術表達的目的與來源。華麗的古蘭經本提供成書藝術最好的實例。另外，摘錄古蘭經句時通常採用的美術體書法，也成為伊斯蘭教世界最高度發展的藝術型態。古蘭經中的美術體書法被大量應用在日常生活中做裝飾，從建築物到陶藝和金屬容器，甚至衣服的圖案。

在伊斯蘭教世界中常可以在宗教或正式的場合中聽到背誦古蘭經的聲音，而善於背誦經文者享有崇高的社會地位。鑑於古蘭經的重要性，不難了解天啓經文的管道——像先知穆罕默德備受尊崇的原因。古蘭經提到穆罕默德是真主所祝福的、一個使者、一個警告者、一個指引者和帶來有關在他內及他自己的好消息。伊斯蘭教徒相信穆罕默德也是凡夫俗子，但被真主選中成為袖的最後一位先知，是袖用來展現古蘭經的工具。古蘭經本身強調穆罕默德的平凡，命令他自己表白他也和一般人一樣生命短暫，在他對自己喪失自信和感到不安全時予以譴責。

不過，穆罕默德還是在道德方面有過人之處，才能被全能的真主選擇成為先知。此外，當他被選定為真主在人間的信使及模範時，真主就幾乎不可能讓他的任何行為和神的旨意有所牴觸。從這個觀點來看，穆罕默德必然免於犯罪（或根本就沒有犯罪的能力），因為他所顯示的任何過錯都是真主故意加諸在他身上，以滿全神聖的目的。穆罕默德成為伊斯蘭教徒行為的典範與追隨效法的楷模或稱**索那**（Sunna），而他生活中所發

生的軼事(哈地斯)，成了僅次於古蘭經的重要經文來源。

哈地斯與索那

「哈地斯」(Hadith)在一般原意是指一種交流或是敘述。
在伊斯蘭教裡有其特殊含義，是先知和同伴間的言行記錄。到
現在，凡是有關伊斯蘭教神聖的傳承都稱為「哈地斯」，有關
這些傳承的正式研究稱為「哈地斯學」(Science of Ha dith)。

前伊斯蘭教的阿拉伯人認為追隨前人的榜樣是一種美德。
但在後來的伊斯蘭教興盛時期，如果祖先是非伊斯蘭教徒，根
本只追隨他的言行，則必須找一個新的傳承，稱之為索那
(Sunna；聖行)，這就是穆罕默德「索那」的由來。在穆罕默
德死後，學者開始根據新環境有系統發展有關責任和信仰的理
論。在早期外來者的征服年代裡，伊斯蘭教所管理的範圍很
廣，許多新觀念和新制度都是從被征服的民族抄襲而來。不
過，在伊斯蘭信仰中，只有先知和原始的伊斯蘭教社會可以提
供信眾行為準則。但不久就出現杜撰的傳承：為了符合他們的
觀點與理想而假借先知之名，傳播所謂先知說過的話和做過的
事。大部分歸諸穆罕默德說過的話是有關法律條款、宗教義
務、准許或禁止的議題、儀式純正和禮節等。

因此大部分哈地斯的內容不能視為是先知真正可靠的歷史
事蹟。早在西元第八世紀，一些伊斯蘭教的學者就極端重視為
數龐大、廣為流傳的偽造的哈地斯內容，並仔細地整理出一套
正確的哈地斯系統。按照伊斯蘭教的觀點，如果整個傳遞哈地
斯(isnad；或稱伊斯納)的環節提供一連串可靠的權威來源，
這種哈地斯內容的可信度就很高。對伊斯納批判的檢證導致伊
斯蘭教學者們從事研究，以確定傳遞者的名字和當時的環境，

以便了解他們到底屬於那個年代、是那裡的人，又其中那些人彼此相識。學者們根據哈地斯內容的可信度將他們分成三部分，第一種是沙伊（sahih；意為完整），意指那些有完美不斷的傳遞過程，且在某些部份特別加強，並廣為伊斯蘭教社會接受的；第二種是哈珊（hasan；意為美麗），指那些被認為可靠的；第三種是不無疑義且證據較薄弱的哈地斯，稱為達伊夫（da'if），意指那些不論是內容或是流傳的過程都讓人起疑的。

最早一本有關哈地斯的收藏本是由知名且受敬重的學者伊邦·漢拔（Ibn Hanbal，卒於855）所編纂。他不但根據內容還根據傳頌者予以整理。至於較晚期的編排也依照主題，例如由穆斯林（al-Muslim，卒於875）和布卡雷（al-Bukhari，卒於870）所編排的兩本，都被正統教派〔即素尼派（Sunnis）〕奉為地位僅次於古蘭經的聖書。

索那的內容是有關穆罕默德在哈地斯中的言行事蹟或是傳承。索那至今是指較大伊斯蘭教社會的儀式，它一直被視為是「活用的索那」。雖然在理論上索那和哈地斯的觀念有所不同，實際上他們經常不謀而合。

穆罕默德並非靠天啟來解決問題，而是依不同個案的情況作成決議來解決問題，即使在他生活的時代，先知的言行也被公認值得效法。也因此有關先知的索那都是以文字記載，同時成為古蘭經之外的行為準則。宗教學者曾試圖解釋兩者之間的關係。在最早期的伊斯蘭教社會，索那和古蘭經同樣具有權威性，但隨著時間的流轉和非阿拉伯籍的伊斯蘭教徒愈來愈多，古蘭經的地位和重要性乃超越索那，特別在記載先知穆罕默德言行的哈地斯部分，已成為伊斯蘭教最主要的聖經。

今天，許多伊斯蘭教徒並不明確分辨那些是由布卡雷或穆斯林所編排的哈地斯，而那些是被學者認定爲捏造的內容。結果則是洋洋大觀的智慧文獻，強調的是伊斯蘭教徒對先知穆罕默德的敬重，並學習其中所包含的倫理道德，將這些行爲準則應用在日常生活中。

對穆罕默德的敬意

雖然在宗教教義層面和許多伊斯蘭教徒的正式看法裡，古蘭經在伊斯蘭教中比穆罕默德本人的地位還要崇高，但某些情況顯示，穆罕默德還是特別得到大衆敬重。許多人在提他名字時，總在前面或後面加上敬辭（最常見的是「祝他平安」）。因爲他是位完美的人類導師，所以是人們模倣的對象。人們爭相以他爲榜樣，從法律和道德事務到日常生活的瑣碎細節，例如如何刷牙、蓄髮乃至吃什麼東西，無所不包。

穆罕默德對伊斯蘭教徒宗教生活的影響力無遠弗屆。有不少專門讚美先知的詩流傳下來，其中最有名的稱爲「布達」（Burda；意爲詩披風），是在西元十三世紀由布西利（al-Busiri）所吟撰，已經被翻譯成好幾國的文字。其他這類爲數龐大的詩，經伊斯蘭教徒各種語言傳頌，也分別以音樂呈現，其中例如巴斯坦的跨瓦里（Qawwali）、阿爾及利亞的拉伊（Rai）、摩洛哥的甘那瓦（Gnawa）、或孟加拉的巴烏斯（Bauls），都在西方社會非常暢銷且受到歡迎。

伊斯蘭教徒對先知的虔敬也延伸到對他所有遺物的敬重。在世界上許多神龕裡甚至只供奉他一根鬍子而已。當在喀什米爾的一個神龕裡的毛髮突然短暫不見時，心神慌亂的伊斯蘭教徒認爲是信奉印度教的印度政府從中搞鬼，向伊斯蘭教徒挑

戰，造成雙方信徒在街上大打出手。這種宗教熱情也表現在信徒到麥地那（Medina）朝拜穆罕默德墳墓時，而在伊斯坦堡的托布卡里宮，成千上萬的朝聖者到供奉著先知披風、鬍鬚和一些留在泥地上的腳印跪禱，場面感人。

部分伊斯蘭教徒，尤其是沙烏地阿拉伯的瓦哈比族，對這種敬奉先知的程度感到極端不舒服，認為把穆罕默德尊致似神的地位，簡直就是異端。不過，把穆罕默德視為超凡聖者，或是把他當成普通人，兩者並沒有清楚的界限。真正爭辯的重點在於是否可崇拜他的遺物，先知是否在凡人與真主之間為中介，因此他擁有能在神前代信徒說情的能力，這是一個重點。

人們經常提到伊斯蘭教的一個特色是，個別的人和真主間能夠直接的溝通。在正統的律法學者與神學家的傳承中，並不認為在真主與信衆間還需要教士存在，也不認為在世或是去世的聖人可以替其他的信徒向真主傳達願望。但是仍有不少伊斯蘭教徒相信有中間代禱者的角色存在，且這個角色不限於穆罕默德本人，還包括了他的家人、一些傑出的神祕經驗人物〔或稱為蘇非（Sufis）〕、一些身邊有奇蹟事件發生的人或是特別虔誠的人等。在古蘭經上有一段著名的章節曾提到關於代禱的事，「除非真主同意，又有誰能在祂面前做代禱的工作呢？」（2：255）

代禱在伊斯蘭教中是一個重大的議題，其中牽涉到的不只神學問題以及經文的詮釋，還包括有關階級、文化、屬性以及教育水準等各方面的問題。如果承認代禱的可能性，則聖人與教士的存在自無疑義，乃為宗教表述上的不同。據此可以劃分出各式各樣不同伊斯蘭教的宗教經驗。

註　釋

①有關穆罕默德的資料請看第二章

②約翰‧雷納德所著，《邁向伊斯蘭教的七道門》(*Seven Doors to Islam*)(加州：加州大學出版社，1977)，P.136。

The Birth of Islam

伊斯蘭教的歷史起源於西元五七○年，一個在麥加（Mecca），現今的沙烏地阿拉伯出生，名叫穆罕默德的人，而於西元六三二年死於附近的麥地那城。在穆罕默德的年代，沙烏地阿拉伯不論在文化、政治或經濟都是一個不起眼的國家，四週圍繞著富裕的大帝國。北邊是希臘拜占庭帝國和薩桑波斯帝國、南邊是富裕的阿比西尼亞世界。阿拉伯本身被劃分為阿拉伯高原和南阿拉伯(現今的葉門)，早期曾是興旺的農業社會，但在窮困時期沒落。穆罕默德來自寸草不生的阿拉伯高原地帶，在當時絕大多數的人都過著逐水草而居的游牧生活，帶著家當和牲口，如駱駝、綿羊和山羊，為了找尋一個好的水草地換過一個又一個地方。只有少數的城市建立在綠洲上，並提供極可貴的水源灌溉農田。其中部分的城市成為阿拉伯人與其他民族交換物資的貿易重鎮。

穆罕默德時期的阿拉伯人以部落為生活中心，數個屬於同一祖先的後代子孫社群住在一起，每一支系各自發展出自己的

後代。族長被公認爲家族的領導者，各個族長再聚集成立一個部落的管理委員會。雖然勢力較大的家族在有關族群的事物上，較勢力弱的家族有影響力，但原則上，部落管理委員會是以協商和建立共識的方式運作。大部分阿拉伯部落的管理權都是由族長爲領導者且採行繼承制；但是有些部落的血統是由母親傳遞下去的，甚至是在一些非常注重族長制的部落裡，由女人掌管資產也司空見慣。最好的例子就是穆罕德的第一任妻子**卡迪雅**(Khadija)，她是個很有錢的寡婦，非常善於理財。

阿拉伯半島沒有出現過中央政府或國家，而是由不同種族形成均勢共存，此外還有一些商業、農業的城市。不論是屬於同一宗族或聯合部落的游牧民族，這些住在城市的部落民族，彼此都有協議不會互相攻擊或是騷擾前往這些地方的旅行車隊。阿拉伯正位於許多貿易路線的交會點上；由船運到阿拉伯港口的貨物，經由駱駝車隊穿越沙漠運送到更遠的市場去。當時的商業城市多半仰賴印度洋到地中海間的東西方貿易，和非洲到拜占庭與薩桑王朝間的南北往來。許多游牧民族都以突襲駱駝車隊爲生，由於從事這項工作的人數眾多，整個運作模式最後反而成爲他們的一種生活方式，並發展出一套行爲模式。

在穆罕默德出生的那個年代，鮮少人知道阿拉伯人的宗教信仰情形。在阿拉伯四週被有大量基督徒人口的帝國所包圍，阿比西尼亞和拜占庭帝國都是基督教王國，薩桑波斯王朝(現今的伊朗，主要信奉拜火教，一種在當時是主要的宗教，現今只有極少數的信徒。雖然如此，波斯王朝仍有很多的基督教徒)。此外，所有的帝國中都有爲數不少的猶太教徒。顯然，在當時的阿拉伯世界裡有一些基督教徒，但人數不多且個別的信仰，而不是一整個族群都是基督教徒。在阿拉伯也沒有教堂。

在阿拉伯信奉猶太教的人數反而較多，他們是道地的猶太民族，其中一些宗族似乎是在西元一世紀末羅馬人摧毀位於耶路撒冷的聖殿後，便從巴勒斯坦遷移到阿拉伯。其中有不少非正式的猶太人，自認是以色列人，他們對希伯來先知的故事耳熟能詳。

大部分的阿拉伯人不屬於任何正式的宗教，只相信一種混合的超自然力量，他們認爲這些力量的靈性與其他性質有如其他神明。自然界中如石頭、樹木和一些可以影響人生命的東西都有精靈寄居；至於神則被認爲是和自然現象有關，例如太陽、月亮和雨。許多阿拉伯人看到月神遊走稱她爲阿拉（眞主之意），視她爲其他諸神之首，其他如女神阿蕾特（al-Lat）和曼娜特（Man'at）也同樣引起熱烈的崇拜。

前伊斯蘭教（pre-Islamic）的阿拉伯人並沒有像後來的伊斯蘭教的、基督教的和猶太教的神學那樣，有詳細的倫理道德規範，也不相信死後有生命的說法。他們深受榮譽、勇氣和慇懃等規則影響。在不相信來世的情形下，要達到不朽最主要的方法就是轟轟烈烈的活，盡量表現英勇、慷慨與犧牲的英雄式生活。阿拉伯詩人以詩歌誦讚這種英勇的行爲。阿拉伯人敬畏詩與詩人的力量，視他們爲擁有超自然力量的人，是值得敬畏的，他們不僅是藝術家，也是宗族歷史學家。

除了詩人以外，還有兩種人在伊斯蘭教的阿拉伯社會也特別受人敬重，一種是占卜者，他們可以預知未來並試圖化解問題，例如治療疾病和幫忙找回遺失的牲畜等。另一種人是裁判者，他是族群裡的仲裁者，專門調解衝突，更重要的是，靠著他們各族群間得以避免暴力相向。所有這些職位在早期的阿拉伯歷史中彼此相關，因爲穆罕默德在成爲先知以後就展現這三

種特質，使得批判他的人認定他既是一名詩人或有預卜的能力，其宗教主張應該不值得採信。

穆罕默德的誕生和早期生活

穆罕默德的家族在**古拉西**（Quraysh；意指鯊魚）部落中是屬於**哈新**（Hashim）支系的，古拉西是一個善於做生意的部落，在麥加和附近地地區有很大的影響力。哈新支系雖然在族中並不是最強的一支，但仍頗受敬重。麥加是主要神龕——天房所在地，是少數受到全阿拉伯人景仰的聖地。由於擁有這個地區的管轄權，古拉西不僅從朝聖活動中獲得不少經濟利益，同時也由於一手包辦相關的儀式，使他們贏得好名聲。其中一些儀式後來被併入朝聖的**哈吉**（Hajj）儀式中，成為伊斯蘭教主要的禮儀。

穆罕默德的父親**阿布達拉**（Abdallah）在穆罕默德出生前不久就去逝了，他由祖父**阿布·阿穆塔里**（Abd al-Muttalib）撫養長大。當他出生的時候，他的母親**阿蜜娜**（Amina）為他取名阿瑪德（Ahmad），是他的祖父把他改名為穆罕默德。後面這個名字較常被提到，即使有時候也有人叫他阿瑪德。

鮮少人知道穆罕默德的童年生活或是他成為先知前的歲月。少數我們認為可能和事實接近的事蹟都被一些虔誠的傳記學者修飾過，他們在他的早期生活中加入一些真實或想像的事，以便突顯穆罕默德在一出生時就顯現他的與眾不同。在他非常小的時候，穆罕默德就被送到沙漠地方和游牧民族一起生活，這是麥加當地的一種傳統，可能是不希望孩子在城市中以較不健康的方式長大，希望他們接受游牧民族在文化上較「純正」的阿拉伯人生活。他住在一個寄養家庭裡並負責放牧羊群

的工作，在往後一生中他從寄養家人那裡得到很多關愛，特別是他的養母海莉瑪（Aalima）。根據記載，有一天當穆罕默德正在放牧時，有兩位天使來拜訪他，他們使他躺下來並打開他的胸膛。然後拿出他的心臟在一個裝滿雪的金色盆子裡洗滌，再把它裝回去然後縫合好，這段記載可能象徵去除他身上所有的罪惡。無論如何，這原罪的觀念，或是父母的罪行會遺留後代的想法，在伊斯蘭教中並不普遍。

在發生這次天使造訪事件之後，他的寄養家庭開始擔心他的安危並決定把他送還給他母親，以免再發生其他不好的事情。在穆罕默德回到麥加後不久，他的母親和祖父就分別去世了，他由叔父**阿布·塔里**（Abu Talib）負責照顧，他的叔父是一名商人，時常要到阿拉伯各地去經商。穆罕默德陪著他的叔父到處去旅行，最遠可能曾經到過叙利亞，利用這些機會他不但學會做生意，同時也和更多的人接觸。

長大以後，穆罕默德成為一名商人並很快地因誠實和值得信賴而贏得好名聲。一個名叫卡迪雅的有錢寡婦注意到他，並向他求婚。當他們結婚時，穆罕默德只有二十五歲而卡迪雅已四十歲。後來，每當提到他和卡迪雅的生活，穆罕默德都以十分愛憐的口吻述說，她為他生了唯一的孩子，這孩子在幼年時差點就活不下來。

在他成人的歲月裡，穆罕默德養成一種到麥加城外一個山洞中去靜坐的習慣。有一次當他睡著時被一個具天使外形的人叫醒，那人命令他「背誦」。穆罕默德問他要背什麼，剛開始時天使只是一再重覆他的命令，第三次以後天使命令：

背誦！因神所創造你的名。

由凝塊被創造的人啊！

背誦！你的神是最豐盈的———

他以筆教導人———

教導他們不懂的事！

（古蘭經，96：1-5）

　　這件事發生在穆罕默德四十歲的時候，從此終其一生他不
斷的接受啟示，有時候是經由天使傳授，他後來認出這個天使
是哲布勒伊來（Gabriel）；有時候則是直接得到真主的教誨。

　　剛開始時穆罕默德很害怕，向他的太太求助，幾次後她說
服他去聽天使說話。穆罕默德漸漸被說服接受他是被真主選擇
做為先知，以把神聖的旨意帶給其他人，讓他們知道有唯一且
全能的真神存在，發出末日與審判的警告，並鼓勵追求道德生
活。

大遷徙：黑蚩拉

　　剛開始布道的時候，人們對穆罕默德懷著包容的耐心與好
奇心，等他開始吸收信徒時，麥加城的領袖視他為危險人物並
迫害追隨他的人。在早期追隨穆罕默德的都是一些婦女、奴隸
和非常貧窮的人，這些人根本不堪強有力的當權高壓統治者的
迫害。由於擔心他們在麥加的安全，穆罕默德和他的追隨者開
始尋找一個新的地方住。正好一個附近的小鎮亞斯里普
（Yathrib）需要一位公正的判官仲裁紛爭，他們邀請他搬去
住，為他們主持公道。穆罕默德提出了三個要求才答應搬過
去：第一，他的家人和追隨者都必須一起過去；第二，他們必
須獲得全力的支持直到自立更生為止；第三，他們必須被視同

當地的居民，如果麥加人或是其他的盟友要攻打這些伊斯蘭教徒時，亞斯里普的居民必須站在伊斯蘭教徒這一邊一起抵抗。亞斯里普的代表團同意了這些要求，因此在麥加的伊斯蘭教徒開始了祕密的遷徙計畫。最後當只剩下兩名追隨者（一個是他的朋友阿布・巴卡，一個是他的堂弟阿里）未遷居亞斯里普時，他才決定自己也移到那裡去。在此之前，他的敵人早已了解他嚴重地威脅他們的利益，因而結盟決定要殺他。穆罕默德聽說他們的計畫以後，由他的密友和顧問阿布・巴卡陪同祕密離開了麥加，只把阿里留在他的家裡。阿里是穆罕默德叔叔阿布・塔里的兒子，後來以養子的身分留在他的身邊，後來和他的女兒法蒂瑪結婚，成為伊斯蘭教草創時期非常重要且深具影響力的人物。

那晚穆罕默德的敵人包圍他的家，阿里躺在穆罕默德的床上。當那些麥加城的人終於破門而入發現阿里時，他們立刻明白了要找的人已經跑了，於是派出搜尋大隊去追捕他。傳說穆罕默德和阿布・巴卡躲在一個洞穴中逃避追捕，一隻蜘蛛在洞口結網封住進出口，讓麥加城的人誤以為不可能有人進去裡面而轉到別的地方去。在搜尋人員無功而返後，穆罕默德和阿布、巴卡逃到亞斯里普，而阿里也在處理完穆罕默德的財務和其他社會責任後，來到葉慈博。

穆罕默德和追隨信徒於六二二年從麥加遷到亞斯里普，形成伊斯蘭教歷史上非常重要的日子，稱為**黑蚩拉**（Hijra）意即「大遷徒」。那些移民的伊斯蘭教徒稱為穆哈吉爾斯（Muhajirs），而幫助他們的人稱為安薩（Ansar）。兩者都有莫大的榮譽，在伊斯蘭教歷史中，任何一次不論規模大小伊斯蘭教徒為逃避迫害而遷往較安全地點的行動都稱為黑蚩拉。黑蚩拉即伊

斯蘭曆法的開始啟用，伊斯蘭曆法是所有伊斯蘭教活動的行事依據，一直到今天仍是許多伊斯蘭教國家所認可的官方日曆。

黑蚩拉也代表伊斯蘭教開始成為一般人信仰的宗教。在麥加，穆罕默德大部分的時間是以一個警告者或是先知的姿態出現，傳達一神論的觀點(只信奉一個真主)，鼓勵人們為自己不道德的行為懺悔。到了亞斯里普，伊斯蘭教發展成社會的自然現象，同時發展出一段歷史和一套複雜的法律。亞斯里普甚至還被改名為麥地那恩那比(Madinat an-nabi；意指先知之城)，或是簡稱麥地那(Medina)。在麥地那的時候，穆罕默德所得到的啟示開始強調社會法律和歷史，顯示穆罕默德和他所倡導的宗教都是延續神聖的希伯來先知的傳承。穆罕默德很快的就從一個簡單的先知成為當時社會、宗教和政治的領袖。他的地位如摩西、大衛和所羅門王一般，而非耶穌或佛陀。

麥加城的人逐漸視麥地那的伊斯蘭教社群為日增的威脅，並和他們打過三次戰爭，每一次都使得穆罕默德的感召力大增。最後在六三〇年，麥加城向穆罕默德投降，而他也得以重新進入這個城市，並答應保護當地居民生命和財產的安全。他重返麥加城後發生最大的一件事是處死了幾個詩人，這些人曾經在詩中嘲笑穆罕默德和他的宗教，並移走了天房中的一些宗教物品。穆罕默德主持了一場到天房的朝聖儀式，然後回到麥地那，他已把麥地那當作自己的故鄉。他在死前再到麥加一次；這次被稱為「告別朝聖」，至今仍被視為伊斯蘭教最重要的一個儀式之一，為「哈吉」(Hajj)樹立了典範。

在他進行完告別聖地的朝聖之旅後，穆罕默德生了重病，住在他的妻子**阿伊莎**(A'isha)的屋裡足不出戶，阿伊莎是他在卡迪雅死後數年和她在麥加結婚的。他在六三二年六月八日大

約中午時分去逝。根據傳統，先知必須埋葬在去世的地方，因此穆罕默德是躺在阿伊莎的寢室內給埋葬的。那裡後來建成殿堂，成了至今伊斯蘭教徒一個重要的朝聖地。

穆罕默德死後的伊斯蘭教社會

穆罕默德死時並未指定繼承人。雖然明知道在他死後不可能有再有先知，但還是沒有人知道以後的領導人要扮演什麼樣的角色。伊斯蘭教社會的長老最後決定由阿布·巴卡，穆罕默德的親信，同時也是最早改信伊斯蘭教的信徒，來繼續領導伊斯蘭教社會。阿布·巴卡只做了兩年的領導人就死了，改由另一位也頗受尊敬的穆罕默德夥伴伍瑪（Umar）繼任。在伍瑪領導的十年期間和他的繼任者伍斯曼（Uthman）十二年的領導期間，伊斯蘭教勢力從阿拉伯向外拓展，從北非的地中海沿岸延伸到中亞一帶。同時，有關穆罕默德接受啟示的經過開始加以整理寫成古蘭經。

穆罕默德以後的伊斯蘭教領袖都既非先知也不是國王，他們被稱為**哈里發**（Caliphs），意指「代表」或「團長」，表示他們並不是憑自己的權力治國，而是以真主和先知的代表身分治國。伍斯曼死後出現混亂，不知道該選誰當哈里發。許多人都認為這項殊榮應該給穆罕默德的堂弟兼女婿阿里。但也有些人屬意伍斯曼的堂弟穆阿維亞（Muʿawiya）。在各有人馬支持的情況下，這兩人都被推舉為哈里發，因此引發了一場內戰。在這場衝突中，阿里最後被人暗殺，穆阿維亞為自己和家族成功地奪得權力，為第一個伊斯蘭教王朝奠基，後世稱為**伍瑪亞德王朝**（Umayyads；代表穆阿維亞的族人）。現今大多數的虔誠伊斯蘭教徒認為，伍瑪亞德王朝的崛起代表早期的哈里發制

度結束；他們也認為最初的四位哈里發是眞正有品德的人，因此稱這四人為「行爲的導師」。雖然如此，在伍瑪亞德王朝統治的一百年間，大部分信奉伊斯蘭教的土地都是靠征服得來的，伊斯蘭教帝國的版圖也從西班牙擴展到巴基斯坦。

雖然伍瑪亞德王朝幾乎已完全控制政權，但阿里的支持者和王朝支持者間的衝突仍未平息。尤其是後來當阿里的兒子**胡笙**（Husayn）和許多家族的成員在六八〇年被效忠穆阿維亞兒子亞茲德（Yazid）的軍隊屠殺後，衝突更形嚴重。

對因政治衝突感到幻滅的伊斯蘭教徒，轉而投入清淨宗教修行，其他的人則向新征服領地的人民傳播伊斯蘭教，另外還有些人則投身研究古蘭經和有關穆罕默德與其同伴的言行及傳承。由於這些人的努力，伊斯蘭教世界發展出豐富有活力的神學和哲學傳承，在廣大的領土上形成一股新興宗教的力量。

但是穆罕默德死後所發生的繼承權問題，造成最初伊斯蘭教派系的分裂，直到今天仍爭議不休。一派主張阿里應該是眞正的伊斯蘭教世界領導人，取名爲什葉·阿里〔阿里派，或是簡稱什葉派（Shi'is），與Shi'ah 或 Shi'ite 同字〕。從什葉派的觀點來看，最初三位哈里發都是王位的篡奪者，搶走阿里與生俱來的權力。這種想法在許多哈地斯中可以找到支持的證據，就是當穆罕默德不在的時候，都是指定阿里擔任伊斯蘭教世界暫時的領導人。其中最有名的一次是在一個位於麥加和麥地那之間的綠洲城市加迪爾·庫恩（Hadith of Ghadir Khum）的哈地斯中所記載的。根據這段記載，當穆罕默德最後一次從麥加回來時，他在參加宗教聚會的信徒面前執起阿里的手宣布：「一向以我爲保護者（mawla；馬烏拉）的教徒，今後阿里是他的保護者。」

這段哈地斯中所提到的馬烏拉一字有許多不同的含意。但是伊斯蘭教的主要教派素尼派（Sunni）的學者中，有許多人認為，這段記載是可靠的，因為在他們偉大的學者伊邦‧漢邦不到十種的不同作品中都曾經簡要地出現過。其中對馬烏拉意指保護者或領導人的解釋採取非常狹隘的解釋，暗示阿里只有在非常特定的情況下才具有權威地位。什葉派則認為這是穆罕默德公開聲明表示，伊斯蘭教社會的領導人地位必須永遠由家族成員（ahl al-bayt）繼承。其他一些哈地斯支持什葉派的論點，雖然他們堅持這是因為後來阿布‧巴卡和穆阿亞德斯的支持者偽造紀錄所致。什葉派自己擁有許多收集來的哈地斯以反駁素尼派的觀點，其中最重要的就是 Nahjal-balagha，包括阿里所說過的詰問和訓誡。其中部分內容談到了什葉派所主張關於穆罕默德死後領導權的問題。：

　　　　先知（祝福與平安臨於他）的家人是神祕的所在；他們護衛先知的誡律、是他知識的寶庫與智慧的避難所、也是先知書籍的儲存所在以及他所宣揚宗教的強力靠山。由於這些家人，先知得以扳直彎曲的（宗教的）背脊；透過他們，先知驅逐了它肉體的震顫。①

　　一篇提到導致阿里與先知家人政治地位被迫靠邊站的膾炙人口的文章，記載於阿里的〈駱駝鳴聲的訓誡〉（al-Khutba al-shaqshaqiya）中。由於阿里的談話被打斷，他後來不願再說下去，說是講道就像駱駝叫鳴，自然而然地開始，同樣自然而然地結束。②根據這個說法，當穆罕默德的家人都忙於替他辦喪事時，阿布‧巴卡在沒有徵詢阿里或其他先知近親的情形

下，悄悄地奪取了權力。在他快死的時候，阿布‧巴卡又任命他的盟友伍瑪爲伊斯蘭教社會的領導人，不管這樣的權力繼承方式根本就違反了穆罕默德的本意。伍瑪死後召集了一個委員會任命一位繼承者，委員會中包括阿里，卻不公平地以大批人支持伍斯曼。從此進入一段鎭壓和族閥充斥的黑暗期，伊斯蘭教信徒各界只能以忍氣吞聲來回應這一切。

阿里面對這種不公平的權力轉移採取忍氣吞聲的方式因應，被解釋爲他是爲了防止流血衝突避免伊斯蘭教社會分裂。但是當伍斯曼把領導權傳給他放蕩的表弟穆阿維亞以後，各界信徒們不斷地要求阿里帶領他們擺脫穆阿維亞的殘暴統治，阿里不得已才插手管這檔事。

素尼派的神學家和歷史學家對這些大事的詮釋又不同。他們認爲阿布‧巴卡是勉強繼承領導人職位的，以確保伊斯蘭教社會不會因爲先知的去世而四分五裂。就年資和與先知接近的程度來看，阿布‧巴卡是最適合繼承領導職位的人選。他選擇伍瑪當繼承人的原因，也是因爲伍瑪在伊斯蘭教的時間較久且和先知也很接近。素尼派並不否認阿里在伊斯蘭教的年資，或對了解宗教知識上的聲望及對伊斯蘭教工作的貢獻。但是，他們一向認爲，在穆罕默德和阿布‧巴卡去世時，阿里仍然太年輕不足以擔當領導。因此，他們有意識的否認因血緣關係而擁有領導權的主張（這點是什葉派的主要主張）。這種講法未免武斷，因爲阿布‧巴卡、伍瑪、伍斯曼都和穆罕默德都有姻親的關係〔穆阿維亞的父親阿布‧蘇飛揚（Abu Sufyan）亦然，但由於在伍斯曼死時他雙目失明，因此被認爲不適合擔任領導人職務〕。素尼派的立場之所以獲得鞏固，是因爲他們聲稱，情願接受一個不是很理想的領導人，也不要讓伊斯蘭教社會因內戰

而有滅亡之虞。事實上，素尼派的名字來自 Sunna（傳統）這個字，是「傳統人民與社會」的簡稱，意指矢志確保政治的平靜，不論多少代價都要避免造成分裂的局面。

在伊斯蘭教的歷史中，素尼派通常都採取大天下的態度，試圖盡量把伊斯蘭教徒都納入其保護傘下，這樣做表示接受素尼派信仰的國家須予擴充。同時，當一個素尼教派信徒，並不一定需要認同他們統治伊斯蘭教世界的方式，只要認同保護伊斯蘭教社會的安全，比對抗一個昏庸的統治者重要得多就可以了。然而，素尼派對什葉派不尊敬他們教派內備受尊敬的人物這一點，心懷厭憎。事實上，一些什葉派的信徒仍會以儀式的方式詛咒阿布‧巴卡、伍瑪和伍斯曼，例如在伊朗西南部有一個稱為殺伍瑪（Umar-kushi）的節日流傳下來，慶祝伍瑪被殺，這個節日一直到二十世紀中葉才廢除。節日活動中，人們在一個中空的蛋糕裡放一個沾滿石榴糖漿的伍瑪小型人像，先以刀刺、再切開它把它吃掉。這些習俗的流傳有賴於社會族群為了自身的生存而鼓勵此分離意識，當什葉派和素尼派的社會因為世界潮流和分享民族共同利益而愈來愈靠近時，雙方的領導人有心和解，竭盡其力拉攏雙方在信仰和儀式上的歧見。但是在沙烏地阿拉伯卻有股相當大的反什葉派的勢力，在當地屬於少數民族的什葉派信徒幾乎成了化外之民，而在喀拉蚩（Karachi）和巴基斯坦的某些城市裡，伊斯蘭教派系歧見常導致社會暴動。

在最近幾年，什葉派因為一些暴力傾向以致聲名狼藉。例如在一九七九年伊朗境內發生的伊斯蘭教革命，在黎巴嫩南部什葉派的民兵發動游擊戰，長期對抗以色列，以及黎巴嫩境內持不同立場的民兵互相攻擊。事實上，什葉派的歷史顯示政治

失勢與被世界強權國家唾棄的時候佔大部分。當阿里於西元六六一年被暗殺，他的兒子胡笙在六八〇年殉道後，什葉派在政治方面就沈寂了好長一段時間，因此他們較少花時間和精力在政治上，反而加強發展精密的神學觀點。但是早期強調殉道和迫害的政治經驗，對什葉派的信仰仍有直接的影響。

教派分離

什葉派分成三個主要的支派，分別是**十二什葉派**（Twelve Shiʻis）、**伊斯瑪派**（Ismaʻilis）和**沙伊德派**（Zaydis），每一支派都尊奉阿里和他妻子**法蒂瑪**（Fatima），即先知的女兒為唯一合法的領袖。領導人都叫**伊瑪姆**（Imam；意即教主），由於血緣關係，其地位比其他人崇高。這三個支派對於最初四位伊瑪姆的身分看法一致。但是對第五位伊瑪姆則有不同意見，大多數人相信胡笙的孫子穆罕默德·阿巴卡吉耳（Muhammad al-Baqir，卒於731）才是真正的伊瑪姆，少數人則擁護他的兄弟沙伊德（Zaydi，卒於740），這一派信徒又稱為沙伊德派。

■沙伊德派

沙伊德（Zaydi）是在胡笙及其家人被屠殺後企圖以武力奪取伍瑪亞德王朝領導權的第一人。在伊拉克境內什葉派人士聚集的庫法（kufa）城內準備一年後，他率領支持者崛起，但後來不幸在戰爭中喪生。

沙伊德的信仰內容和什葉派的主要支派「十二什葉」非常接近。最大的不同點在於沙伊德相信任何阿里和法蒂瑪的後代都可以當伊瑪姆，不管他們是胡笙或是他的哥哥哈珊的後代。為了被公推為伊瑪姆，一個人必須擁有在必要時訴諸武力的能力。基於這個理由，和十二什葉派不一樣的是，凡是才能不外

露者都不可能被考慮成爲沙伊德的領導人。沙伊德的伊瑪姆本人必須具備崇高的道德情操和宗教知識。假如一個人不能符合上述的要求，他就不能被完全承認是一位領導者，只能算是一個較低層次的領導者或頂多是擁有軍事或學識能力的領導者而已。一個領導者的政治上和學識上的能力如果只能夠讓該教派流傳下去，這樣的領導者是被稱爲達伊斯（Daʿis），和伊斯瑪派的稱呼相同。沙伊德對伊瑪姆的高要求標準，加上達伊斯的觀念，使得一個可能性出現：有可能某一段時間沒有出現伊瑪姆領導，而只有達伊斯在領導。

這一派信衆始終不多，在現代幾乎只限於葉門境內還有信徒。

■十二什葉派

在什葉派中不承認沙伊德爲伊瑪姆的人信奉另外兩個教派。第六位伊瑪姆雅法・阿沙迪（Jaʿfar al-Sadiq，卒於765）是最重要的一位，他是一位非常偉大的學者，在素尼派中也頗負盛名。什葉派的一所主要的宗教律法學校也是以他命名爲「雅法里」（Jaʿfari）。

在雅法・阿沙迪死後，這個什葉支派分成了兩派，一派稱爲伊斯瑪，尊奉雅法・阿沙迪的長子伊斯瑪（Ismaʿil，卒於765）爲領導；另有一派以他的小兒子穆沙（Musa，卒於799）爲領導人。後者一直傳到第十二位屬於阿里後代的伊瑪姆，穆罕默德・阿瑪迪（Muhammad al-Mahdi），在西元八七四年時，他的追隨者被稱爲十二什葉派，相信阿瑪迪遁入超自然的隱形境界，將在世界末日時再回來當救世主。

十二什葉派對伊瑪姆的本質提出一套複雜的理論，這個理論多半是由雅法・阿沙迪的大量著作中衍生。在每一個年代都

有一位伊瑪姆是真主在地球上的代表，他會將古蘭經內外的真意傳給指定繼承者。伊瑪姆的設置是顯示真主和人類有聖約，所有相信十二什葉派的教徒必須承認他們的領導人，並追隨他們當代的伊瑪姆。十二什葉派認為伊瑪姆是不會犯錯的，他們就像是通往真主的管道，直接傳達真主的訊息。

在第十二位伊瑪姆消失之後，不少的代理使者（wakils）都表示他們可以和他直接地接觸。但當第四位使者在西元九三九年去世以後，就沒有任何人出面表示可以繼承使者的職位和消失的伊瑪姆溝通。從此這段時期被稱為「大神祕時代」（Greater Occultation），藉以區別和先前一段「小神祕時代」（Lesser Occultation）的不同。大神祕時代一直延續到今天，十二什葉派發展出一套複雜的教士系統，以照顧團體中的宗教需求。一般認為教士系統中最高的層級能獲得伊瑪姆的啟示，他可以自行解釋教義，稱為**伊吉哈德**（ijtihad）。事實上，從第十六世紀開始，什葉派的教士就不太從事獨立解釋教義的工作，反而和素尼派的學者一樣，切合實際地從事研究伊斯蘭教律法的工作。

■伊斯瑪派

一些什葉教派的人不管伊斯瑪比他父親雅法·阿沙迪早死的實情，一直堅持他才是第七代伊瑪姆，而非他弟弟穆沙。根據伊斯瑪派的教義，伊斯瑪死前就已指定自己兒子穆罕默德·伊邦·伊斯瑪（Muhammad ibn Isma'il）為繼承人，因此伊瑪姆的地位是由他傳下去的。

伊斯瑪派思想的基本特徵是將所有的知識分成兩個部分，外在的、**世俗的**（zahir）和內在的、**冥祕的**（batin），世俗的知識隨著每位先知而有變動，冥祕部分的知識則隱藏在各別的著

這座位於馬利共和國，由泥磚所建造的清眞寺建於第十四世紀，是非洲地區最古老的一座清眞寺。由於泥沙會被雨水沖刷，必須不斷地補強，因此內部有施工鷹架的結構體。

作和律法中，並且傳達一種只能透過論釋予以彰顯的不變眞理（ta'wil；又稱爲塔威），這是伊斯蘭敎伊瑪姆或其代理人獨享的。

　　伊斯瑪派思想中最有趣的一個觀點是有關於周期時間的觀念。此派主張歷史經過七個時代才完成一個周期，每一個都由一位先知用著作公開宣揚他的訊息。前六位先知分別是亞當、諾亞、亞伯拉罕、摩西、耶穌及穆罕默德。每位先知的身邊都伴隨著一位默默護衛經書內在意義的使者。在穆罕默德時期，穆罕默德·伊邦·伊斯瑪是第七位伊瑪姆，將在以後復臨擔任第七位先知，使得整個周期告一段落，而我們的世界也隨之結

束。伊斯瑪派認為，在他復臨之前，冥祕的知識應該祕而不宣，只對那些已受啟發的信徒開示。

在第十世紀時，伊斯瑪派成為北非地區勢力最大的一個宗教，並建立了一個法提瑪王朝（Fatimids），曾有一短暫時期威脅到素尼派阿巴斯（Abbasid）王朝哈里發的絕對政治權威。開羅的大城市就是由伊斯瑪派所建立，當地有名的阿薩（Al-Azhar）大學也是。到後來，阿薩大學成為一所研究素尼教派非常重要的中心，這個角色一直到今天不變。

經過幾世紀後，伊斯瑪派分裂成好幾個教派，特別是兩位兄弟，即尼薩（Nizar，卒於1095）和穆斯塔里（al-Musta'li，卒於1011）的支持者所形成的敵對勢力。最後法提瑪王朝的統治者支持穆斯塔里的宗教主張，迫使尼薩的信徒逃離法提米德王朝的領域或者藏匿起來以免遭到迫害。

法提米德帝國後來被新興起的素尼派勢力阿尤彼德（Ayyubids）所消滅，但在此之前伊斯瑪派的學者已經在法提米德王朝的保護下留下了對伊斯蘭教哲學和神祕主義的持久影響。尼薩的支持者避難到伊朗和敘利亞的山區裡，並在第十三世紀時被入侵的蒙古兵所驅散。到了十九世紀時，伊朗王室賜給他們的一個支派寬新夏希（Qa-simshahis）的伊瑪姆一個很有名的頭銜——阿富汗（Agha Khan）。如今伊斯瑪派依然四分五裂，尼薩的信徒集中在巴基斯坦的北部、阿富汗、塔吉克和印度境內。至於穆斯塔里的信徒則集中在阿拉伯海四周、印度的西岸和巴基斯坦和葉門一帶。目前在英國有一所學院專門研究伊斯瑪派的文學和其他伊斯蘭教派的思想，藉以協助這些伊斯蘭教的次教派系得以和解。

註　釋

①Nahj al-balagha，蘇比・阿夏列(Subhi al-Sali)編，（貝魯特：Dar al-Kutub al-Lubnani, 1983），P.47。

②可以在穆罕默德・阿卡里・傑佛瑞(S.Mohammed Askari Jafery)著作中找到這篇訓誡文的英文翻譯，Nahjul Balagha：哈茲瑞特・阿里(Hazrat Ali)的訓誡文、文學和格諺，（紐約：艾恩赫思特：Tahrike Tarsile Qur'an, 1978；1981年的報告），P.8-10。

③ 神學、律法和神祕主義
Theology, Law, and Mysticism

從伍瑪亞德王朝歷任哈里發的
時代算起（661-750），除了十六世
紀以後的伊朗，幾乎所有的伊斯蘭
教徒分布的地區，都可以算是素尼
派的天下。在第七或第八世紀伊斯
蘭教初期迅速擴張以後改信伊斯蘭
教的大部分地方也是信奉素尼派，
因此素尼派的神學和律法普遍被視
為伊斯蘭教的「正統」。

　　阿巴斯王朝的領導者跟伍瑪亞德王朝時代的統治者都是偉
大的國家領導人。曾經想要讓素尼派和什葉派重新和解的阿巴
斯王朝，不論在學術或藝術上都很有成就。整個王朝的時代
裡，創造了伊斯蘭教世界前所未有的繁榮時期，在神話方面有
不朽的《一千零一夜》（在英語世界裡稱為《阿拉伯的夜晚》）
。他們的統治期也被稱為古典伊斯蘭教時代，大多數有關宗教
的教義、律法、神學和哲學的討論方式，一直延續到今天，可
以說仍繼續影響、塑造傳統派伊斯蘭教徒的觀念與行為。

　　在本章中我會將有關伊斯蘭教神學、律法和神祕學上的部
分重要發展做簡短的綜合回顧。在這麼小的篇幅裡不可能對這

許多主題作大量的介紹，但可以就他們的主要部分，特別是在古典時期形成的重要層面，作概括性的介紹。大家必須記得的是，有關神學與律法辯論的複雜細節和大部分伊斯蘭教徒的宗教生活沒有直接的關連。但經過一段時期後，神學觀念仍然會影響到社會，如同一些社會行爲也會影響到學者辯論的內容和本質。更重要的是，當人們把伊斯蘭教的律法看做是生活的準則，又在國家司法與警政勢力的主導下順服時，律法的發展將直接影響到社會的每一成員。

神　學

以一個先知的角色來說，穆罕默德比較像一位導師而非神學家。但是古蘭經中提出了許多如眞主本質，眞主和我們所生活世界的關係、邪惡的問題、人類在宇宙的神聖計畫中佔有什麼地位等有關哲學與神學的問題。隨著伊斯蘭教世界的版圖不斷地擴充，吸收了不少新的文化，哲學問題也推陳出新。其中有一部分在這些新歸入教的版圖上，這些議題常被提出討論，其他哲學問題則在伊斯蘭教開始和當時的主要宗教基督教及燴教競爭時而產生的神學辯論，另外還在早期的伊斯蘭教社會面臨許多政治與社會危機時出現。

伊斯蘭教的世界最常使用的一個語詞**卡蘭**（Kalam），其意是「演說」或是「辯證」。由此可知所有關於伊斯蘭教的神學問題都是經過公開辯論而來的。「卡蘭」和伊斯蘭教的哲學不同，傳統的伊斯蘭教哲學是直接受到希臘思想的影響（少部分受到波斯思想影響）。這一點甚至可以從阿拉伯文的哲學──「法撒發」（Falsafa）這個字得到證明，因爲它正是源自於希臘文的哲學（philosohpia）。

最早期的伊斯蘭教神學界討論許多重大問題的原因是，從伍瑪、伍斯曼和阿里等三位哈里發被暗殺後出現的政治危機，以及索尼派與什葉派分裂所引發的內戰衝突。主要的問題像是，誰最適合當領導者，或是犯有重罪的信徒在教會裡的地位問題(早期暗殺哈里發的都是伊斯蘭教徒)等。隨著伊斯蘭教世界裡研究神學的學校紛紛成立，辯論的問題愈來愈傾向純理論與抽象。主要的議題是有關於真主的全能和人類責任之間的關係。這導致對真主本質和人類如何獲得分辨對錯與及善惡的能力作的形上討論。

在伍斯曼被謀殺和伊斯蘭教世界發生分裂之後，伊斯蘭教出現了四大思想學派，分別代表不同的神學觀點。第一個學派是瓜達里亞(Qadariya)，此派極力反對伍瑪亞德王朝。瓜塔里亞學派相信人類有無限的能力可以影響自己的行為，其中包括決定自己的行為與行為後果。這個想法源自於相信人類的能力，或(qudra)「決心」，亦即此派名稱之由來。由於人類有完全的行事自由，他們的行為全然反映他們的信仰，因此凡是犯重罪者必然是無信仰者。

第二個學派是賈布里亞(Jabriya)，完全和瓜達里亞派持相反看法，他們相信人類行為是被神力驅策(jabr)的結果，因此人類完全沒有自由決定善惡的行為。既然真主才是一切行為的直接來源，因此一個犯重罪的人不能為他的行為負責，他仍應被視為伊斯蘭教徒。

第三個學派是穆里費亞(Murji'a)其主張是介於瓜達里亞與賈布里亞之間。他們認為一個人不可能對人類信仰狀況作判斷。相反的，根據古蘭經的內容，他們主張一個重罪犯的未來前途要留待真主去作決定。

最後一個學派是卡瓦里吉（Khawarij），和瓜達里亞派一樣，他們相信行為完全反映個人的信仰；但不同的是，他們採取比較活躍的政治行為。他們認為任何真正的伊斯蘭教徒都有責任罷黜偏離正道的領導者，必要時甚至可採取武力的手段。同時他們主張，任何在道德方面無過失的伊斯蘭教男性，不論他是否屬於穆罕默德的宗族，都可以被擁立為哈里發。卡瓦里吉原本在阿里與穆阿維亞競爭時是支持阿里的，後來阿里表示贊同以人類作仲裁者（相反於戰場上由真主作決定）時，他們就背棄了他，成為截然不同的什葉派。

在西元第八世紀末，這些早期的思想潮流發展到最高峰，在伊斯蘭教社會內出現了全盛的神學學派。其中最有名的一個學派稱為穆塔吉拉（Muʿtazila），在第九世紀中葉前後四十年間成為素尼教派欽定的神學學派。許多和穆塔吉拉派的學者持不同觀點的宗教學者都遭到迫害。但當穆塔吉拉學派失去了官方的保護之後，擁護此派的學者反而成為持邪說的異教徒，不但遭到歧視同時也受到迫害。這個時期的「宗教法庭」產生了一個好處——就是使得伊斯蘭教的思想更具體化。後來穆塔吉拉學派大半被**阿夏里亞學派**（Ashʿariya）所取代，這個學派是以一位對穆塔吉拉派感到幻滅的神學家**阿夏里亞**（al-Ashʿari，卒於935）命名的。

這兩派在很多事情上都抱持不同的立場。例如，穆塔吉拉派認為真主的屬性（如根據古蘭經所記載，真主富於慈悲、憐憫）與祂的本質不同，所以是非永恆的；但阿夏里亞派相信真主有永恆的屬性，例如知識、異象和話語。阿夏里亞派相信那些擬人的特質都是真實的——只是人們無法理解他們真正的意思。同樣的，阿夏里亞派認為古蘭經是真主永恆的話語，而穆

塔吉拉派則認為古蘭經有朝一日可能被取而代之。假如眞意欲如此。

　　和穆塔吉拉派不同的是，阿夏里亞派暗示接受眞主所應許的死後世界。他們同時相信全能的神讓善與惡同時並存在世界上。同時，阿夏里亞派覺得人們應該為自己的行為負責。因此推論罪人仍可為伊斯蘭教徒，但在死後必到地獄去為自己的罪惡受懲罰。

　　兩派的不同觀點完全在於他們對人類理性力量有不同的理解。阿夏里亞派認為人有自由意志和理性，但和全能的眞主相比，人的這些能力便大大受到限制。相反的，穆塔吉拉對人類的理解力有信心，因此不願接受有些事物超出理解能力的說法。兩派立場都是基於伊斯蘭教的哲學傳統──伊斯蘭教的神學，同時也衍生出許多不同的思想。

伊斯蘭教律法：夏里亞

　　伊斯蘭教的宗教律法從穆罕默德時期發展到現在，已成了一套旣精密且有活力的系統。大多數的伊斯蘭教徒都以很嚴肅的態度看待它，以它的條文和價值觀為日常生活的準則。他們認為律法是宗教生活中最重要的一部分。

■起　源

　　伊斯蘭教律法夏里亞(Shari‘a)被認為是眞主為管理整個宇宙所口述的簡單記載收集而成的。古蘭經中對各種不同的事情提供了非常清楚的法律條文，包括如何崇拜、什麼東西不能吃、如何分配遺產等。但是夏里亞並沒有針對生活中所會遇到的各種不同情況提供清楚的條文。不過，因為有先知的行為可供參考，大部分的伊斯蘭教徒都不認有什麼問題。即使穆罕默

德死後人們也不擔心，因為他在人們的記憶中印象非常深刻，在任何情況下教徒都可以知道穆罕默德會怎樣做。但當年代漸漸的久遠，且伊斯蘭教勢力拓展接觸各種不同的新文化，遇到的新問題也愈來愈多時，就很難再利用穆罕默德的方法去解決所有的事。這時候就有必要發展一套法律系統，提供方法以應對層出不窮的事情。這套系統稱為**菲誇**（Fiqh），它有四個原則稱為**烏蘇‧阿菲誇**（Usul al-fiqh；法律學的原則），亦即古蘭經、索那（Sunna；即聖行）、類比的推論（奎雅；qiyas）、以及社會共識（伊吉瑪；ijma）。

■法律學原則

伊斯蘭教律法最早起源於古蘭經。古蘭經中明備的法條和規章並不容公開辯論，必須完全接受。例如，當古蘭經中明確禁止吃豬肉，所有遵守教規的伊斯蘭教徒就無須再請教其他權威人士。

假如古蘭經中對某一法律問題沒有清楚解釋的法規條文，就必須看先知的言行或由他所立下的聖行芳表（素那）。這包括各式各樣伊斯蘭教社會傳統保存的「活的素那」，以及哈地斯中有關穆罕默德行為軼事的「紀錄的素那」。即使數量眾多的哈地斯彼此間都可能有互相矛盾之處，因此有關「素那」的概念是可以公開詮釋的；此外，有關「活素那的傳承」常會引起衝突，因為並不是每個人都認同社會中那些傳承是遵循穆罕默德當時的做法，又有那些是革新。從第九世紀以來，研究伊斯蘭教的法學家就企圖在古蘭經和素那之間求取平衡，從這些源頭中所衍生出來的法律才可以應用在新的環境中。這樣做時通常運用類比推理（法律學的第三原則）和社會共識（法律學的第四原則）兩個途徑。這套獨立的法律推理系統產生的新法律稱

為伊吉哈德(ijtihad)，而有資格參與法律製訂的人稱為穆塔席德(mujtahid)。

　　素尼教派法學家分屬四個不同的學派，他們對古蘭經和哈地斯經文來源，是否應加重信任的程度，或是相信人類的類比推理能力等問題意見不一。這四個學派分別是**馬里奇**（Maliki）、**漢巴里**（Hanbali）、**哈那非**（Hanafi）和**夏非**（Shafi'i）。馬里奇學派在北非發展勢力龐大，它比較重視社會的「活的素那」，認為比人類的理解力來得可靠。漢巴里學派在沙烏地阿拉伯最為強勢；它長久以來給予成文經文廣泛的文字解釋，有些漢巴里學者甚至堅持內容不可靠的哈地斯，都應該比類比推理的強有力的例子更為可取。

　　夏非和哈那非學派獲得廣大素尼派伊斯蘭教徒的認同，傳揚甚廣。其中夏非學派廣受中東地區的阿拉伯人和印尼人的歡迎，哈那非學派則在中、南亞地區和土耳其普遍獲得接受。自從十六世紀起，哈那非學派就開始大量取代夏非學派成為伊斯蘭教世界最有影響力的法律傳統。這兩派比前兩派更大量採用伊吉哈德原則。

　　下面的例子可以用來解釋伊斯蘭教法律學的原則，就是每天召喚伊斯蘭教徒祈禱時是否准許使用擴音器。在可蘭經或是哈地斯中當然沒有提到擴音器等電器產品一事，但在古蘭經中曾數度提到提醒大家參加祈禱。同樣的，在哈地斯中也提到，先知曾指定某一位被稱為畢拉(Bilal)的人負責召喚大家參加祈禱，因為他的聲音雄厚又有吸引力，他常是站在高處大聲叫喚，以便聲音可以傳得更遠。經由類比推論，一名法律學者辯稱古蘭經鼓勵把祈禱當成一種活動，先知任命畢拉呼喚人們參與祈禱的原因是因為他的聲音夠大，可以傳得較遠。畢拉站在

高處也可以解釋為先知希望祈禱的呼喚聲能夠傳到更遠的地方。由於擴音器對祈禱一事並沒有什麼改變，反而可以讓祈禱聲音放大，因此可以使用它來讓更多人聽到祈禱呼喚與內容，是伊斯蘭教法律可以允許的事。假如沒有異議且其他裁判也贊同這個意見，那麼在使用擴音器一事上就達成共識，可以被伊斯蘭教法律接受（事實上他們也這麼做了）。

在儀式方面到了十四世紀，許多的伊斯蘭教世界開始設置特別的辦公室，負責處理不同的法律事務。研究伊斯蘭教律法理論並加以解釋的學者稱為**法貴**（faqih）。當人們對某些法律事務有疑問時都會去請教**穆法帝**（mufti），這些人通常由統治者任命，負責回答有關伊斯蘭教律法的問題（夏里亞）。有時候，穆法帝只因為在民間享有聲望，被視為可靠的學者，而被尊為法貴。穆法帝對法律問題所提出的答案稱為**費德瓦**（fatwa），意思是法律觀點或是法令。理論上，穆法帝的意見是依據提出法律問題的人而提供意見。實際上，人們如果對他的解釋不滿都會嗤之以鼻，主要是因為並沒有一個單位負責強制執行他的判決。法官有權主持開庭，擁有國家權力，並有警衛強制執行其判決，法官的辦公室由一位**跨迪**（qadi）負責。跨迪是公務員，由統治者任命。許多跨迪認為法律學者由於容易在原則方面讓步妥協，並不適任政府公職。

伊斯蘭教的律法系統，又稱夏里亞，這律法企圖規範每個人生活的各個層面。它規範人們和真主溝通的宗教儀式和膜拜行為，以及人與人之間的關係細節。其中與真主溝通的方式又稱為依巴達（ibadat）意指崇拜或服侍的行為；人與人之間的關係稱為穆阿瑪拉（mu'amalat）。為了顧及人們生活的全貌，法律學者以一種分級的方法來判斷人的每一種行為，不論這些行

為是有關宗教儀式，或是人與人之間的關係。愈高等級的活動，大部分屬於宗教規定，是伊斯蘭教律法中要求信徒去做的；另一端則明定分類嚴禁的行為，例如敬拜阿拉以外的神。在這兩者之間則包含鼓勵人們應做的行為（如大方對待陌生人）和被勸阻的行為（如虐待動物）。

在夏里亞律法下所規定可以做與不可以做的事情，還是會因為地區的不同而有分別，特別是在飲食方面。有些時候這些差別是源自於不同學派的律法傳統，雖然各學派對可以食用的食物的態度是取決於各地區對食物的習慣或是長久以來的飲食文化。再者，某一地區的一般伊斯蘭教徒能否分辨那些是合乎當地律法傳統的規範，那些是伊斯蘭教整體的標準，也不無疑問。因此，許多來自印度西岸的正統素尼派信徒不吃龍蝦、螃蟹和其他的軟體動物（和十二什葉派一樣），但土耳其和黎巴嫩的伊斯蘭教徒雖與印度的伊斯蘭教徒同屬哈那非派，卻認為所有來自海洋的食物都可以吃。

許多伊斯蘭教徒並未留意到伊斯蘭教信仰與實踐因文化內涵不同而有別，什葉派信奉的教法即根據特殊狀況作調整得開明而兼容並蓄。而夏非派的始祖和哈那非派的學者，如夏巴尼（al-Shafi'i，卒於805）均堅持，法律學者不應該依賴法律前例，而應依個案的不同做判定，因為每件案子的形成背景都是不同的。這種態度阻礙了將夏里亞發展成為法律典章制度。一些現代的伊斯蘭教國家曾企圖把夏里亞制式化，以便能像一些歐洲國家把它當成國家法典，但最後都失敗。

伊斯蘭教律法其焦點在於個人，因此干預色彩濃厚，和西方法律注重偵訊審問不同。在西方的法律系統裡，國家或社會的利益大於個人的利益，因此個人常會被一個單位控告。但在

伊斯蘭教國家裡常以溝通、調解的方式處理法律問題。這種方法使得法官必須有更多的人際溝通技巧，同時意味著只要求達成和解，而非判決。表面上看起來，這種比較人性化的法律系統可能比標準化的法律系統要公平。但批評者認為，太多的法律條文加上不按良心辦案的法官，使得對法律條文不熟悉的人根本沒有受到保障，還不如嚴格地執行法律規章。

視伊斯蘭教律法各面向即是傳統核心是一種歷史偏見。因此伊斯蘭教有時被譏諷為一注重枯燥宗教儀式的宗教，強調不管個人的信念或私下的行為如何，人對外的行為一定要符合教法的要求。這種奇怪的觀點可能是由於伊斯蘭教的外在律法和宗教禮儀比個人的信仰更為人矚目，同時也是由於夏里亞的影響力愈來愈大所致。但事實上，即使是最熱心護衛伊斯蘭教律法者也只把伊斯蘭教法學視為伊斯蘭教的其中一面而已。其他的學者曾經明白地表示，盲目崇拜伊斯蘭教律法和哲學的學術傳統，並不能代表完全滿全的宗教生活，更要緊的是信仰和虔誠的行為。提倡這個觀點最有名的學者是阿加薩里（al-Ghazali，卒於1111），他把畢生的精力都用在專研神學上。西元一○九五年，正當他的學術研究達到高峰時，他經歷一次嚴重的情緒危機，於是他離開巴格達的工作崗位回到家鄉，全心投入沈思的生活。他最後獲致的結論是，理性與哲學的探索可使人偏離正道，要完全地理解教法的意義必須在信仰上躍進一大步。這種信仰上的躍進只有靠神祕學的訓練和體驗才能達到，一般稱之為蘇非派（Sufism）。

伊斯蘭教的神祕學：蘇非派

蘇非派總括了在伊斯蘭教世界裡所產生的各式各樣哲學

的、社會的和文學的現象。狹義而言，這個名詞指的是一些研究伊斯蘭教神祕哲學和神學的學派，同時指廣泛影響伊斯蘭教政治和社會發展的宗教修會及公會，以及伊斯蘭教世界裡的民間虔誠信仰與膜拜等。就廣義而言，蘇非派包括了常被視爲在伊斯蘭世界的前現代期詩歌之後的精神靈感，許多伊斯蘭教虔敬行爲的普及用語，開放給婦女參與宗教活動的主要社會場所，以及主要促使非洲及亞洲區民眾改信伊斯蘭教的主要力量。蘇非派修會不僅提供教育機構加強宗教學研究，同時也教授音樂和裝飾藝術。有時候，蘇非派的領導者身兼神學家和法官，是集學術與領袖氣質於一身的領導者；有時候，他們又身先士卒挑戰既有的法律和神學。在近代的社會裡（和歷史上的其他時期一樣），蘇非派的主張由於有宗教改革的意味而被受推崇。但同時，它們也被批評爲對伊斯蘭教的教法缺少尊重，企圖以無知和迷信來控制整個伊斯蘭教社會。

　　蘇非派起源於伊斯蘭教第一世紀興起的非正式的個人虔敬行爲。這些早期的蘇非派人士重視祈禱、苦行修道和自外於社會群體生活。所謂「蘇非主義」一詞，或阿拉伯文裡稱爲**塔薩伍夫**（tasawwuf），可能源自於穿羊毛衣物（阿拉伯文的 suf），也可能是阿拉伯文的純淨一字（safa）。最早的蘇非派人士幾乎把所有醒著的時間都拿來祈禱，並極力地克制自己的慾望，例如禁食或是整夜不睡，以練習祈禱。他們斷絕和外界的關係，對物質的需求近乎沒有，只要蔽體就好。絕大部分早期奉行蘇非派教義的都是女人，其中一些人，如拉比亞可達威亞（Rabi-aal-Adawiya，卒於801）一直到今天仍受尊崇。

　　很可能蘇非派的人在看到敘利亞和巴勒斯坦的基督教徒克己的修道生活後，才開始練習苦行修道，並且只穿羊毛的衣

服。然而蘇非派自認其信仰古蘭經和穆罕默德的一生行誼。他們很快注意到，穆罕默德的生活非常非常的簡單，是一種近乎苦行的修道生活，同時他還有一種習慣，時常會離開麥加到一個山洞裡靜坐冥想。事實上，他就是在這種靜思冥想的狀態下得到第一個啓示。因此蘇非派的人也模倣穆罕默德的這種行為，他們希望也能像他一樣和眞主如此地接近。

根據伊斯蘭教信仰，所有的伊斯蘭教徒死後都會和眞主直接地接觸（至於這是什麼意思有不同的見解），但信奉蘇非派的人不想等那麼久。在蘇非派裡很流行一句先知所說的話，就是鼓勵伊斯蘭教徒「在有生之年就先與眞主見了面。」

這種直接和眞主接觸的經驗被認為是如此的全面性，無法形容，只能以暗喻的方式表達。最常被用來使用的暗喻就是戀愛或是酒醉。這種意象常會在蘇非派的文學裡看到，特別是在詩裡，他們藉以形容那種和眞主接觸無法言傳的快樂，同時還有和眞主分離的心痛。下面是一首由奧圖曼的女詩人米莉·哈藤（Mihri Hatun，卒於1512）所作的豐富文學作品中的一篇，翻譯成多國文字供伊斯蘭教徒欣賞：

> 有時候，我渴望讓愛人殺了我，
> 有時與他結合，飛逝的時光也殺了我，
> 我的敵人都嘲笑我的處境，而我哭了又哭，
> 我的靈如何能忍受這種折磨我倆的悲傷哦！
> 你以他的影像來診治我受傷的心，
> 問題是這些藥都像毒藥一樣會殺了我，
> 所有我的朋友和敵人都一起哭泣，
> 我的命運還沒有結束，但這些困惑都會殺了我。

哦！我的勁敵，假如我死在愛的皇冠下，有什麼好傷心
　的？

你這隻狗，那看墓者會向你扔擲石塊，但那位紅嘴的人
　也會殺了他。①

　　蘇非派有關與真主結合的觀念，以許多不同的方式表達。
他們的主要哲學問題是：一個普通人如何和全能全知的神結
合？這種和真主結合的觀點一般稱為**法那**（fana），意指破壞或
摧毀。蘇非派相信當一個人的性靈發展到最後的階段時，她會
失去對個人身分認同的意識，只知有真主的存在。事實上，此
時神性身分取代蘇非教徒的身分。

　　部分蘇非派人士並不認為性靈發展的最後階段目標，是人
追求在神內消失自我，或是達到很高的境界，此時個人的小事
也不能阻止我們看世界的本相。對第一個階段最普遍的隱喻是
個人就像一滴水滴，落入海裡無影無蹤；小水滴並不是真正的
不存在，只是他已成了大海的一部分；只是不再以一個小水滴
的形式存在而已。至於後一個講到人看事情會更清楚的觀點，
則描繪人的心（中世紀研究伊斯蘭教思想學者認為心是識之所
在）就像一面鏡子通常是髒污的，被我們每天的煩惱和小小的
願望而弄得失去光澤。經過神祕體驗我們可以把心靈的鏡子擦
拭乾淨，讓它能真正地反映真主的光。

■**蘇非派的路線**

　　蘇非派認為一般的人都因為自己心裡的小小煩惱而無法了
解真正的性靈本質。每一位尋求從性靈上真正了解蘇非禁慾主
義的人都需要一位導師的指引。這個過程有許多不同的階段，
數量和名稱依據學派的不同而有差別。大致上來說，第一階段
是懺悔。懺悔在自己一生中所做的錯事，並發誓不再接觸世俗

的所有享樂。經過懺悔後，信徒必須摒棄在世的情與物，包括朋友和家人。下一步才能進入男、女修院，潛修最困難的課程——擺脫掉他們對塵世的牽掛。這部分通常是最困難的一段，要花上好長的時間，且需在導師的引導下以嚴厲的冥想練習達成。

蘇非派靠冥想來達成目標。各種不同的靜思冥想方式稱爲**德海克**（dhikr，或 zikr 席克）。德海克意指「背誦」、「記憶」和「話語」或是「提及」；在古蘭經中它代表著鼓勵教徒要時常想起眞主。蘇非派的靜思最基本的工夫是要求信徒要不斷地唸著眞主的一個名字。在伊斯蘭教裡，眞主有許多的名字以呈現本質的不同面向。在這些名字中，九十九被認爲是「最美好的名字」。在德海克中被用得最多的是「阿拉」（蘇非人認爲是最好的名字），雖然他們也用拉希姆（Rahim；慈悲）、或瓦希（wahid；唯一）等名字。在靜思冥想中默念眞主名字的目的是爲了讓他們在冥想中集中精神全神貫注，到忘我的地步。經由不斷的覆誦讓整個人的精神都沈浸到德海克中，即使他停止冥想的動作，心裡仍會繼續覆誦眞主的名字。

有些德海克的練習還包含了更長的覆誦方式，有些還加了複雜的呼吸調節法。舉例來說，加上呼吸調節後最簡單的德海克練習，如蘇非派信徒會大聲的喊出一個雙音節的眞主的名字（如「瓦希」，意「唯一」），在第一個音吸氣，第二個音時吐氣。這種練習稱爲「德海克鋸音法」。因爲不同的發音在說話時要以吸氣和吐氣的方法區分，就好像用鋸子鋸木頭發出聲音一樣。另一種德海克就比較複雜點，例如在背誦一個句子「眞主是世上唯一的神」（There is no god but God）時，把它拆成五個段落去唸。這種複雜的靜思冥想練習很難獨自摸索學成，

在導師收弟子的風氣大開之後才盛行起來，慢慢地就形成由階級組織起來的修會，稱爲**塔理加**(tariqas)。

■蘇非苦修派：蘇非派的修會

到了十三世紀，在政府和神學及法學者的關係逐漸明朗的情形下，伊斯蘭教的教育和法律機構開始形成。因此，蘇非派能逐漸組織起來，並與其他宗教運動及組織競相爭取社會和法律地位的情形就一點也不奇怪了。

早期的蘇非派是由一位導師帶領一群信徒所組成的，等到這些信徒學有所成，再把老師所傳授的內容傳給自己的學生。自此後，這些學生就依據最早期老師的方法延續學習，慢慢地就形成了塔理加(fariqa；意即通道)，到了十五世紀，這種修會組織正式成立。在正式被接納入會以前，熱心的蘇非教徒常會接受不同的考驗，如數度被拒絕或是在一開始時，讓他做很多粗重的工作。當最後被允許入會時會有一個特別的儀式，新成員會得到一件會衣以代表他們的新身分地位。

許多蘇非派的修會在伊斯蘭教社會的演化過程中佔了非常重要的地位。不只是因爲它們出了很多傑出的學者和哲學家，不斷地精進他們的思想，更因爲在政府部門中許多重要的官員也都屬於這個教派。換句話說，蘇非派的修會組織足以影響到官方的政策。其中有三個主要的支系的發展特別引人注意，這三個支系分別是吉斯帝(Chishti)、梅列維(Mevlevi)和納希邦迪(Naqshbandi)。

吉斯帝(Chishti)是以卡雅·穆因阿定·吉斯帝(Khaja Muin al-Din Chisti，卒於1235)的姓爲名，他來自阿富汗的一個小鎮，定居於印度的阿傑梅爾市，在那裡他指導了一大群有影響力的信徒。這些信徒在印度的各省城鎮開設了無數的吉斯帝中

心，信徒中有不少人是統治者或是王子、公主的身份，使得吉斯帝迅速地成為印度最有影響力的一派。吉斯帝的靜思冥想方式是以一種特殊的音樂表演方式表達，稱為**跨瓦里**（qawwali），由一群音樂家唱著有節拍的宗教歌曲。已故巴基斯坦聞名於西方世界的歌手奴斯拉汗（Nusrat Fateh Ali Khan，卒於1997），就是一位知名的現代跨瓦里。

　　梅列維（Mevlevi）支系大半僅限於奧圖曼帝國時代的土耳其和巴爾幹半島一帶發展（13-20世紀初期）。由於他們所採行不同的德海克儀式內容，信徒在歐洲地區因為「祈禱時身體迴旋」而聞名。這一支派以著名的神祕學研究詩人亞拉‧諾米（Jalal al-Din Rumi，卒於1273）而得名，在土耳其稱為梅維拉納。諾米生於中亞地區，並於一二一九年遷到土耳其，他的父親在空亞（Konya）當一位法學思想教授。諾米在他父親死後也繼承了這個位置。在西元一二四四年時他遇到一位叫塔布里吉（Shams-eTabrizi）的飄泊的神祕學人士，後來這位神祕人士神祕地消失之後，諾米便投入蘇非派的門下，並開始寫詩。

　　梅列維支派最大的特徵在於強調在靜思冥想時要有音樂和舞蹈。靜思冥想的練習稱**賽瑪**（sema），包括誦念祈禱文和詩歌，所有的參與者都在大廳中張開雙手舞繞好幾圈，右手掌心向上，左手掌心向下，依逆時針方向以左腳為支點旋轉。賽瑪象徵接受神聖的恩典，同時向他傳頌。梅列維支派從諾米時期開始便強調藝術和文化，並且啓迪了奧圖曼時代和現代土耳其年輕一代的音樂家和詩人。

　　不像梅列維和吉斯帝受限於地理環境和種族，**納希邦狄**（Naqshbandi）支派廣佈在伊斯蘭教世界裡。它是以一位中亞地區的蘇非派學者納希邦狄（Baha al-Din Naqshband，卒於1389）為

蘇非主義代表一種神祕的、沈思的伊斯蘭教，為梅列維支派
所信仰(在西方國家稱為『旋轉的苦行僧人』)。這種緩慢、
旋轉的舞蹈是一種崇拜儀式，可以幫助建立較高層次的意識。

名。納希邦狄認為蘇非派應脫離社會，應善盡社會責任，同時
追求精神發展目標。他們主張八點原則：呼吸時隨時保持意識
清醒、注意走路腳步、深入內心探索、在群體社會中獨處、時
時檢討、限制思想、觀照思想和一心向神。

　　信仰納希邦狄的人在十八和十九世紀宗教改革時佔有舉足

輕重的地位，尤其在印度和中亞等伊斯蘭教徒全力對抗英國和俄羅斯殖民主義的地區。在二十世紀時，納希邦狄派鼓舞了在蘇聯境內操土耳其語的子民勇敢地對抗蘇聯的統治。今天，許多納希邦狄的信徒在中亞和高加索地區自蘇聯垮台後成立的國家內提供了教育和社會服務。最近幾年，納希邦狄的分支納辛（Shaykh Nazim）和其指定的繼承者卡邦尼（Shaykh Hisham Kabbani），在美國的伊斯蘭教圈非常活躍。他們的支持者反對政治介入宗教信仰和教會活動中；批評者則認為這些伊斯蘭教徒過於強調對引導入門導師的個人崇拜。

■禮敬聖者

最常被反對蘇非派人士批評的行為之一是，蘇非派修行法常將個別的蘇非派人物（非阿拉伯社會常稱之為 pirs）提升到超人的地位，認為他們擁有神奇能力，同時鼓勵一般人要對導師全心全意的奉獻。儘管許多嚴謹的伊斯蘭教詮釋中，認為任何人都有能力為人向真主代禱，和真主直接溝通，大部分的伊斯蘭教徒仍然深信不疑，同時以不同的方式禮敬聖者。聖者共分為兩種，一種是屬於穆罕默德的家族，無論什葉派和素尼派的教友都對穆罕默德家族十分恭敬，常到他們的聖墓去朝拜。第二種聖者包括蘇非派的一些重要人物，他們的聖墓往往成為當地或地區有名的許願地。聖者泰利‧巴巴（Telli Baba；意指金箔之父）就是一個例子。他的聖墓就位於土耳其伊斯坦堡北方，許多未婚女孩都到那裡去祈求嫁個好丈夫。這個聖地奇怪的名字源於墓碑上一片片的金箔。許願者在許完願後就取走一片金箔，當願望實現後她們就回到這裡奉獻金錢並將一把金箔再貼在墓碑上。

在伊斯蘭教世界裡有數不清的這類聖地。蘇非派的聖地則

是國際聞名，吸引上百萬人朝拜，特別是在聖者誕辰或是逝世紀念日時。包括位於印度阿傑梅爾的吉斯帝，和在開羅的先知的三代孫女薩伊達·薩南（Sayyida Zaynab）的聖地等都是。

一位聖者所擁有領袖魅力的特質，稱爲**巴拉卡**（baraka），是眞主賜與人類的神奇能力。擁有巴拉卡者具有治病和中介代禱的能力，讓他們不單能代表所求者向眞主祈求，還能解決社會、經濟和身心的問題。它的功能就像大多數的物質用品一樣，會由聖者傳給他們的後裔或指定繼承人。但大部分來說，巴拉卡只在家族內傳承，那些沒有血源關係的繼承人，被認爲是有「潛在」巴拉卡的，因爲和聖者有一點關連。聖人的追隨者和信徒藉懇切祈禱和奉獻，以期獲得巴拉卡，雖然他們擁有的具通傳性；換句話說，這些個別追隨者的巴拉卡是從聖人身上得來的；但這種巴拉卡永遠無法成爲他們自己的，也無法傳給其他的人。

■神祕主義和魔法

魔法對許多伊斯蘭教徒來說是一個困惑的觀念，因爲它意指一種根本就不是源自眞主的超自然力量──一種異端邪說的主張。但對許多伊斯蘭教徒來說，魔法是存在於生命中的，他們認爲，一個沒有**邪靈**（jinn；有魔力的存有者）和魔法的世界是不可思議的。例如，在富裕的摩洛哥首都拉巴裡，有一個廢墟，是過去腓尼基人所建的沙城，在白鷺鳥結巢處和一叢香蕉樹之間，有一個由前伊斯蘭教徒設計的正方形池塘，池塘裡有一種鰻魚，常有婦女來餵它們雞蛋希望幫助她們早點懷孕。池塘旁邊有許多從十四世紀開始就有的伊斯蘭教徒墳墓。這種景象使人們對池塘裡的魚的奉獻和這些聖墓擁有治病的能力產生直接的連想。

在地中海和西亞世界，大部分的魔法是伊斯蘭教徒用來把
「邪惡的眼睛」②遮起來。特別是在土耳其受過良好教育的土
耳其人，會以正規的儀式和配戴藍色的符咒將「邪惡的眼睛」
罩起來；一九九〇年在巴基斯坦的喀拉蚩證券交易所裡，投資
人讓公羊四處走動，再以牠們爲犧牲祭品，藉以扭轉股市無量
下跌的局面。人們對「邪惡眼睛」的認識是來自古蘭經；簡而
言之，最後三章通常是用來罩住邪惡眼睛必念的經文，另外人
們通常也會念古蘭經的其他章節，戴上附有這些討句的符稱爲
塔維德(tawidh)，在儀式中把它用掉或燒掉。事前的準備與
符咒的取得和蘇非派的聖墓有很強烈的關係，同時符咒所代表
的效力和提供符咒有神奇能力者的名聲有很直接的關連。

結 論

乍看之下，伊斯蘭教的律法、神學和神祕傳統似乎都是不
同的，同時也沒有任何交錯的功能和關連。事實上，它們之間
不斷地互相影響，每一個都會影響到另一個的發展。綜觀伊斯
蘭教的歷史，傑出的神學研究學者也是一位受尊重的神祕主義
者，同樣的，蘇非派的導師在它們的社會常代表法律權威。這
種宗教專門化之間缺乏嚴肅的分際，使得知識界的傳承較易融
入日常生活中。

註　釋

①華特‧安德斯、納吉特‧布萊克、麥哈密特、卡巴克里(Walter Andrews, Najaat Black, and Mehmet Kalpakli)著譯，《 奧圖曼的抒情詩 》(奧斯丁：德州大學出版社，1997)，P.50。

②要了解更多有關罪惡之眼(Evil Eye)的資料，可參考克萊倫妮‧馬洛尼所著《 罪惡之眼 》(*The Evil Eye*)(紐約：哥倫比亞大學出版社，1976)。

4 信條、禮儀和修行
Beliefs, Rituals, and Practices

伊斯蘭教有許多發展得很好的宗教禮儀和信條，所有這些都以古蘭經和穆罕默德的生活為基礎，然後在不同的時期隨著不同的文化環境，由伊斯蘭教律法學者和神學家進一步發揚光大，這可以解釋為什麼在基本的伊斯蘭教信條之外，還有這麼多種不同的宗教儀式。

在本章中所討論到的宗教儀式和教義大都屬於伊斯蘭教主要教派素尼派，素尼派在伊斯蘭教中占絕大多數，但即使同屬素尼教派，其禮儀和教義也有不同之處。最大的不同點是有關出生、結婚和其他與人的一生有關的節慶的宗教儀式，另外在祈禱的方式上也有顯著的不同。

伊斯蘭教的基本信條

伊斯蘭教徒必須遵守五大信條，統稱為「基本信條」，包括信唯一真主、聖人、啟示、天使和信末世審判。

■真　主

伊斯蘭教相信唯一真神，這種觀念在阿拉伯語中統稱塔威

德(tawhid)。這個詞不僅指真主的唯一概念,同時也代表信徒對這個觀念的肯定信念。換言之,塔威德的概念讓人們確信真主是獨一無二的,人的積極參與在真主與世界的關係中,扮演了重要的角色。

　　真主獨一無二的本質在古蘭經常提到,其中有兩段特別寶貴,透露真主在一般伊斯蘭教徒心中的地位。第一段很短,自成一章,題為「真誠」〔以赫拉斯(Ikhlas),112章〕:

> 話說,祂是真主,是獨一無二的主,
> 真主是永恆、絕對;
> 祂既無所出也沒有後代;
> 沒有相似祂的。

　　第二部分是在一個較長章節的一小段裡(2:255)

> 　　真主!除祂外絕無應受崇拜的,祂是永生不滅的,瞌睡不能侵犯祂,睡眠也不能克服祂,天地萬物都是祂的,不經祂的許可,誰能在那裡替人代禱呢?祂知道他們面前的事和他們身後的事,除祂所顯示之外,他們絕不能窺測祂的玄妙,祂的知覺,包羅天地。天地中祂確是至尊的,祂確是至大的。

　　如同在古蘭經中所強調的,真主是獨一無二且永恆的。祂存在於自己內,且自給自足。因某些人們無法理解的理由,真主創造了宇宙,萬物都在祂內;祂創造了人類並賜予他們行善做惡的能力,以及選擇善惡的能力。人們從祂的慈悲、正義、

憐憫、憤怒等屬性認識祂，但眞主最終的本質是無人知曉的。根據伊斯蘭教的理解，眞主沒有形體，這個受造的世界沒有任何東西相似於祂。此外，任何認爲和眞主地位相等或並駕齊驅的事物都是一種非常嚴重的罪惡。雖然如此，伊斯蘭教的神學家和哲學家卻一直都在辯論眞主是否與人類相似，以致於我們能夠以人類的語言來形容祂。①

■先　知

　　伊斯蘭教相信眞主意欲與人類溝通，因此以先知爲橋樑來達到這個目的。先知有兩種，一種是背負眞主交付的任務前來警告人們或是幫大家更了解眞主的旨意；這種稱爲**安比亞**（ab-biya，單數爲 nabi **納比**）。第二種先知除了負有第一種先知的各種任務外，同時負有教化的功能。這種特別的安比亞又稱爲盧蘇（rusul，單數爲 rasul **拉蘇**，意爲「使者」）。伊斯蘭教徒相信這些先知，包括在希伯來聖經裡提到的先知及耶穌和穆罕默德。他們相信穆罕默德是最後一位先知，這是伊斯蘭教教義的重要信條，據此判斷凡接受此的伊斯蘭教徒才是正統教派。因此，許多信仰波斯阿瑪跨迪亞親王（Mirza Ghulam Ahmad Qadian，卒於1908）的素尼派信徒被認爲是叛徒，而被稱爲**阿瑪迪亞派**（Ahmadiya），主要就是他們承認他具有先知的身分。有時候只是語意的強調，自什葉派賦予伊瑪姆宗教角色後，先知的地位就不再那麼重要了；但是大部分的素尼派信徒對什葉派的敵意反而不如對信仰上述波斯親王的阿瑪迪亞派，儘管後者無論在禮儀和修行方面都屬不折不扣的素尼派。②

　　伊斯蘭教徒認爲耶穌是倒數第二位先知，他預告了穆罕默德即將到來。大部分的素尼派信徒相信耶穌是救世主，也相信聖母童貞生子的說法。但是，他們並不因此而認爲眞主是耶穌

的父親，而是真主顯神蹟讓聖母瑪利亞童貞懷孕而已。

■啓　　示

伊斯蘭教徒相信真主藉由先知把經文內容傳給信徒。公認的四部經書分別是：摩西五經、舊約中大衛詩篇、耶穌的新約和穆罕默德的古蘭經。根據伊斯蘭教的信仰，真主的訊息是永恆不變的，因此各經的本質也都一樣。如今出現歧異，可以說是由於天啓的經文被聲稱相信它們的人竄改了，要不就是隨人類演化程度，真主啓示新的經文。根據這個理論，真主永遠知道祂最希望教給人類的東西，但人類並不一定完全可以理解這些東西。因此，真主是以逐步的方式把祂的訊息進一步展現在經文中，而以古蘭經達到頂點，所有真主的訊息都包含在古蘭經內，直到人類文明終結。

經文對伊斯蘭教徒理解宗教的意義非常重要；猶太教徒和基督教徒因此被稱爲是「聖經的子民」（Ahl alkitab），伊斯蘭教承認這兩個宗教是神聖的，准許伊斯蘭教徒與猶太教徒和基督徒交流。

■天　　使

伊斯蘭教徒相信天使的存在，真主藉天使傳達祂的旨意。他們的責任之一就是監督每個人並紀錄他們的行爲。最有名的天使是加百列（Gabriel），他負責替真主把古蘭經的內容傳給穆罕默德。另一位重要的天使是伊布利斯（Iblis），他是所有天使之首，但後來因爲不遵守真主的規定而被懲罰驅逐出天庭。以後他就變成撒旦，如今掌管地獄，還千方百計以各種方法誘使人離開正道。

許多伊斯蘭教徒都認爲信天使是基本信條中最困難的一部分，常把天使解釋爲自然力量或者真主存在不同層面力量的彰

顯；其他的人則對超自然呈現複雜的信仰，例如天使和魔鬼（通常稱為 jinn），他們以好壞兩種面貌與人產生互動，包括狠毒的方式與治癒疾病等。

■末世審判

伊斯蘭教徒相信我們的世界終會結束，到時候一切都會受到審判，根據我們活在世上的所作所為，在來生時給予獎勵或是懲罰。審判、獎勵和懲罰都屬於伊斯蘭教的中心思想，並且是所有倫理系統的基礎。因此伊斯蘭教擁有高度發展的末世理論系統(世界末日的理論)根本不必感到驚訝。在古蘭經中對這個觀點有驚心動魄的描述：

> 大難：大難是什麼？你怎能知道大難是什麼？在那日眾人將似分散的飛蛾。山岳將是疏鬆的彩絨。至於善功的份量較重者，將生活在滿意的當中。至於善功的份量輕者，他的歸宿是深坑。（第101章）

根據這個普遍的信仰，末日來臨前會有很多和啟示錄經書中所記載的現象類似的訊號出現：善與惡對決，太陽的升起改變，喇叭號角聲響起，以及怪獸的出現。當最黑暗的時刻來臨，救世主出現並把所有具美德的人都聚集起來，等待末日與復活。值得注意的是，根據古蘭經記載，世界並不會完全的毀滅。因此有人辯稱，來世仍在地球上而不是在別處（換句話說，天堂不一定在我們上方的某處）。

在世界末日之後，所有活過的人都要復活，並接受審判。部分伊斯蘭教徒相信所謂的復活只是指靈體的復活，而非肉體的復活。在受審判時，人們將第一次站在真主的面前，面對面

就過去的行為回答問題。那些完全無罪的可以直接到天堂去。其他的人必須先到地獄去為自己的罪行受懲罰，後來才能到天堂永遠的生活。伊斯蘭教沒有在地獄永罰的強烈觀念；人們在地獄中要待多久，完全視乎他所犯的罪行有多重。唯一要在地獄裡永遠待著的是宗教偽善者，那些聲稱自己是伊斯蘭教徒實際上卻不是的人。這種人被認為是罪大惡極，沒有一種懲罰足以消除他的罪愆。

在古蘭經的圖畫中，天堂被畫成布滿小溪和果樹的花園，在那裡人們可以過得非常富裕與舒適。許多伊斯蘭教徒對天堂的圖畫深信不疑，有些人則將它視為是精神上享福樂的隱喻，人的最大福樂莫過於可以和真主永遠親密地生活在一起。

實踐基本信條

相對於五大基本信條，這些是對一般伊斯蘭教徒生活實踐的要求，包括入教的誓言**沙哈達**（Shahada）、祈禱、齋戒、布施和朝聖〔許多伊斯蘭教徒認為聖戰——**吉哈德**（Jihad）——在信仰真主道路上作戰，為非正式的第六大基本信條〕。雖然承認這些禮儀的重要性，但許多伊斯蘭教徒並不完全遵守，或僅遵守其中的一部分。伊斯蘭教的律法針對不同的環境提供了廣大的指導原則，例如在什麼樣的情形下不需要做這些儀式，又如錯過了儀式，要如何補做。

非常重要的一點是在做這些禮儀前應懷誠心正意，否則這些禮儀就等於沒做。例如，伊斯蘭教徒必須捐獻部分比例款項做為慈善布施，稱為**扎卡**（zakat）。假如一個人沒有起任何扎卡的念頭而把錢給出去，雖然還是做好事，但不能算是扎卡，也不算是盡了扎卡的義務。

■沙哈達

　　沙哈達照字面解釋是指「見證人」，是加里瑪‧阿夏沙達（Kalimat al-shahada）的簡稱，是伊斯蘭教中一種宣誓的內容。這些內容可以翻譯成「我發誓除了眞主以外沒有其他別的神，穆罕默德是眞主的信使！」

　　這個誓詞分成兩部分，顯示伊斯蘭教的中心信仰，特別是回教徒對眞主的理解本質。一個人在自由意識下自願向外宣布他的信仰。講到誓詞中的第一句，並不是只有伊斯蘭教中才強調一神論；基督徒或是猶太人也信仰一神；至於第二句「穆罕默德是眞主的信使」，則使得伊斯蘭教有別於其他同樣信奉一神論的宗教，因爲相信穆罕默德是最後一位先知正是伊斯蘭教和其他宗教不一樣的地方。

　　由於沙哈達是如此完美地表達了伊斯蘭教的本質，通常被指爲信仰的五大基本信條和如何實踐的基石。在初生嬰兒剛生下來，這個誓言就在他的耳邊響起；當一個人臨終之際，也會喃喃唸著這句誓言。當一個人決定信奉伊斯蘭教時，也必須唸這句話，因此許多人相信光是唸沙哈達就可以使一個人變成伊斯蘭教徒。

■祈　禱

　　素尼教派和十二什葉教派的教徒佔整個伊斯蘭教徒的絕大多數，他們都要求教徒一天做五次祈禱。這種祈禱在阿拉伯文裡稱爲**禮拜**（Salat），其他語言稱爲**納馬斯**（Namaz），這是非常正式且注重儀式的祈禱，不會和一般伊斯蘭教徒在私下向眞主祈求某些事，或只是單純地和眞主對話等非正式的祈禱混爲一談。

　　禮拜的時間分爲破曉前、正午之後、下午的中間時段、日

拜功
和
清真寺

拜功在伊斯蘭教徒的生活和伊斯蘭教禮儀中佔很重要的地位。正式的拜功，阿拉伯文稱爲 Salat（其他非阿拉伯文稱爲納馬斯 namaz），應在一天中的五個固定時段以特定方式舉行。大部分的伊斯蘭教徒不依規定行事，但仍然認爲拜功是伊斯蘭教最主要的活動，也以虔誠的態度行拜功。伊斯蘭教中還有其他不同的祈禱，如個人的、非正式的祈禱，這些方式使信徒們可以爲某些事向眞主祈求，或是一些神祕的祈禱使靈修日進於德。拜功在整個伊斯蘭教祈禱儀式中是最根本的禮儀，也是伊斯蘭教宗教生活的重心。

土耳其伊斯坦堡的蘇萊雷曼尼亞清眞寺，建於西元一五五七年，寺前的幾個煙囪屬於這所複合式清眞寺的一所學校所有。

在拜功崇拜中，祈禱者必須跪著地前額碰觸地板，象徵全力臣服於真主的旨意（稱爲**撒合達** sajda，或是俯身致敬）。有些人對他們前額中間的硬塊疤痕感到非常驕傲，那是他一生祈禱的印記。進行拜功的地方（如基督宗教的教堂或猶太教的會堂一樣）稱爲**馬斯吉德**（masjid），意爲「祈禱的地方」。透過西班牙語演變爲英文的清真寺（mosque）。

伊斯蘭教沒有要求信徒一定要到清真寺祈禱，但一直鼓勵他們這麼做，特別是在每星期五正午時段（這是每週一次的大眾祈禱時段），和其他在重要宗教節日舉行的特別祈禱。事實上，有很多伊斯蘭教徒只在這些時候才做祈禱。清真寺的大小、建築式樣和裝飾有極大的不同；鄉村的清真寺很簡樸，只在牆上做一個記號指出祈禱朝拜的方向（稱爲**奇伯拉** qibla）；而像富麗堂皇的總座教堂，建築物高聳入雲，彰顯著當代的建築技術。大部分的清真寺都有水源讓信徒們在祈禱前淨身；有一個壁龕稱爲**米哈伯**（mihrab）指出奇伯拉的方向；有一個講壇稱爲**明吧**（minbar）是供講道或宣布事項之用。明吧有固定式或移動式兩種，通常都是用精雕的木頭或石頭做成。壁龕（米哈伯）是清真寺中的藝術焦點；國家或王公貴族資助建成的清真寺中，有繪畫的瓦或以華麗的裝飾鑲嵌的壁龕。

大部分清真寺的氣氛都是比較放鬆和非正式的，由於伊斯蘭教徒都是在地板上祈禱，因此裡面沒有傢俱，在甚少傳出暴力或犯罪的社會中，清真寺根本不用鎖門。清真寺中常會看到三五成群進行非正式的祈禱或是偶而交談，或只爲避免擁擠的大街而進來小憩片刻或避避暑。一些主要的清真寺，如位於土耳其伊斯坦堡的蘇雷曼伊大清真寺（Süleymaniye Mosque），是當地和附近區域幾個大城市的焦點。它蓋於第十六世紀，是一個複合式的寺院，包括有醫院、公共廚房和孤兒院及學校，這些教育機構「馬德拉撒」（madrasas）既傳授宗教也從事科學研究。就抽象的觀點來看，這種複雜性象徵伊斯蘭教世界的典型，以及伊斯蘭教世界中重要的價值觀。③

落後和入夜後。雖然所有的拜功都與太陽有關，每一次拜功卻不一定在與太陽有關的精準時刻(如日出或日落)。這是有意與任何形式的太陽崇拜區分開來。

伊斯蘭教徒並不一定要集體聚在一起行拜功，即使一般認為大家聚在一起祈禱有助於增進社會力量。只要地方乾淨，信徒們可以在家裡或其他地方祈禱。伊斯蘭教禮儀特別注重清潔，比衛生還重要，因此骯髒的地方(如下水道或公共廁所)是不適合進行拜功的。一般說來，伊斯蘭教認為，凡是與人或動物的死亡有關的地方(例如屠宰場)都是不潔之地。

行拜功前有一種儀式稱為**烏杜**(wudu，或烏蘇 wuzu)，包含了洗手、洗臉和洗腳。這也是潔淨比衛生重要的表現。在清潔的過程中不用肥皂，假如沒有水時就以洗手動作代替。經過這種淨身的儀式後，教徒們面向麥加進行正式的拜功。其內容以古蘭經為主，信徒們分別以站立、坐著和跪地的周期動作配合經文誦念。每完成站、坐、跪的循環稱為拉卡(rakʿa)，要做幾次則根據當天的祈禱文內容而訂。

行拜功不得馬虎行事；大部分的經文詩句都取自古蘭經。在每個拜功過程中，有時教徒可以自行自古蘭經中摘錄祈禱文，但不能從其他來源選擇禱文(如非古蘭經的禱詞或讚歌)。此外，整個拜功都是以阿拉伯語進行，即使不懂阿拉伯文的全球其他地區的伊斯蘭教徒亦然。因此，拜功不僅是教徒個人和真主溝通、對話的祈禱方式，同時也是教徒必須盡的義務，為的是確定教徒和真主的關係。

■齋　戒

伊斯蘭教徒應該在伊斯蘭教陰曆中第九個月即**齋戒月**(Ramadan)中守齋，整個齋戒月中從日出前到日落後期間都

必須禁食、禁酒、禁菸、不准打架及有性生活。不但不准做這些事，連想都不可以。挨餓、口渴和禁止暴力及性幻想是為了教導一個人自我察覺，同時也激起大家對物質生活較差的人發揮同情心，那些人不但沒有日常生活中需要的食物和水，也因為總是仰賴別人的憐憫過活而必須隱藏他們的憤怒和慾望。

齋戒月是伊斯蘭教中最神聖的一個月，守齋活動是其中最社會化的儀式。在伊斯蘭教徒佔大多數的國家裡，整個白天的行事時間都會為了配合齋戒而做更改。大部分的家庭會在日出前起床，吃一頓豐盛的早餐，再做祈禱。通常都是以鳴笛聲或是由一個沿街敲鼓的方式來宣告守齋儀式開始。餐館都在白天關閉或是非常謹慎地做生意。在一些保守的社會裡，連在公開場合吃、喝都是違法的，只有幾家餐館獲准營業以供應非伊斯蘭教徒或觀光客。很多伊斯蘭教徒在齋戒期中會喝點水或吃點鹽，或是模倣穆罕默德的方式吃一點棗子。晚餐通常都比其他月份來得豐富。整個月都有一種虔誠的節日氣氛。小孩通常都會堅持做完整個齋戒過程，因為這和他們長大有很大的關連；對許多伊斯蘭教徒來說，第一次被父母允許整天或整月都進行齋戒，是非常重要的非正式成年禮。

■布施與救濟

在伊斯蘭教裡，慈善賙濟是一種特別的善功。就像拜功一樣，一種特別的布施救濟行為是特別為此儀式而設的，和普通的不同。一般稱為扎卡（zakat）的佈施行為，包括將個人財富的一小部分比例捐贈出來。這種比例依教派而有不同的規定，從素尼派的二·五％到其他什葉教派的一〇％都有。同時還有規定那些財富和收入得納入扎卡課稅的範圍：例如，收入是否應課稅，對農產品要如何課徵等。

在一些現代的伊斯蘭教國家裡，扎卡的稅和一般的稅收均由政府徵收。這種稅收只能用在宗教用途上或只做爲社會福利，例如蓋醫院或學校。在其他的社會裡，人們都自願把錢捐給自己選擇的單位或做慈善用途。有些伊斯蘭教徒把所有的慈善捐款都交給當地的清眞寺或是一位受尊敬的伊斯蘭教領袖，替他們把錢用在有用的地方。這些行爲在什葉派中特別普遍，和素尼派的教士相較之下，什葉派教士家族享有更大的社會影響，與這一點不無關係。其他的伊斯蘭教徒把要布施的錢分成好幾分，有些做慈善活動，有些直接送給有需要的個人。在過去，有錢的伊斯蘭教徒都會把扎卡捐給貧窮人家或是孤苦無依的孤兒，讓他們能支持生活。有些人則是資助整所醫院或學校的所有開銷。這種方法在現代社會中已經非常少見了，但也不是完全絕跡。

■朝　聖

哈吉(Hajj；朝聖)是到麥加朝聖的代名詞，所有伊斯蘭教徒如果辦得到，一生中應該到麥加朝聖一次。朝聖必須在一年中的某一個特定的時候進行，從朝聖月開始的前幾天(Dhual-hijja，回曆最後一個月)到當月的第十日。假如信徒是在其他的時間到麥加朝聖，在城外的聖地就沒有一連串特別重要的宗教儀式(umra；一般稱爲**翁拉**)舉行；雖然仍是一個好的行動，但並沒有完成伊斯蘭教徒朝聖的任務。

一千四百年來，朝聖都是依照穆罕默德當年在麥加歸屬伊斯蘭教後舉行的儀式進行的。參加者在抵達麥加前必須先作淨身儀式，穿著特別的朝聖服裝，在整個儀式中不准注意儀容或是上廁所。所有的人繞著伊斯蘭教的信仰中心「天房」繞走七圈。「天房」是一個簡樸的磚造建築，據信是在亞伯拉罕時期

為真主所建的聖殿，而今不只成了朝聖儀式的中心，同時也是伊斯蘭教徒在全世界任何地方祈禱時必須面對的方位。

在完成繞行「天房」的儀式後，朝聖儀式繼續在沙伐（Safa）和瑪瓦（Marwa）兩個小山丘間進行。這個禮儀是紀念亞伯拉罕和他的家人，亞伯拉罕曾在沙漠裡拋棄了哈迦（Hagar）和他剛出生不久的兒子伊斯瑪伊（Ishmael）。當伊斯瑪伊哭著口渴時，哈迦在這兩個山丘間來回跑了七趟找水。在這個時候，據說伊斯瑪伊的腳跟踢進沙裡，結果奇蹟式的形成了一處水泉，這個水泉稱為參參（Zamzam），據信擁有神力，所有的朝聖者在哈吉儀式結束後都會帶點泉水離開。這個水通常在喪禮中被用來塗抹在死者身上。

每到伊斯蘭教徒朝聖期間，所有來自世界各地的伊斯蘭教徒，集體徒步走過在沙烏地阿拉伯的阿拉法特市特別興建的通道。

在兩座山丘間的儀式結束後，朝聖者又來到靠近麥加的兩個小鎮紀念亞伯拉罕的其他事蹟。朝聖儀式的最後一部分包括花一整個下午時間在阿拉法特的平原上，穆罕默德曾在那裡發表他的告別講道。整個哈吉儀式在第三天結束，儀式中以綿羊和山羊（有時是以牛或駱駝）舉行獻祭，以紀念亞伯拉罕自願犧牲他的兒子，和真主以羔羊取代他的兒子作為犧牲。結束牲祭後整個朝聖過程便告一段落，信徒也可以開始穿起平常的服裝。

在航空旅行和現代航運興起以前，朝聖必須經過長時間的準備工作。由於長途跋涉和途中可能碰到的艱苦與危險，朝聖者都必須在事前安頓好家裡的一切事，因為很可能他們就此一去不回了。因此，朝聖隊伍的出發是伊斯蘭教城鎮的一件大事，一直到今天仍是如此。

在現代社會裡，同時讓超過二百萬的伊斯蘭教朝聖者，在幾天內在同一地點完成相同的哈吉儀式必須要有很好的組織。沙烏地阿拉伯政府投資了龐大的經費建造可供步行的高速公路、隧道和走廊，以便讓朝聖能進行順利。麥加的吉達機場在朝聖期間成為世上最繁忙的國際機場。不論當局如何細心安排，車禍仍不可免，同時由於太多人而常出現因擁擠造成受傷的現象。

■聖　戰

聖戰（Jihah）代表「循真主的道路奮戰下去」，是伊斯蘭教中最被誤解的一個觀念。它幾乎包括了所有保衛伊斯蘭教或是鞏固伊斯蘭教目標的活動。為了拓展伊斯蘭教版圖所引發的戰爭稱為聖戰，伊斯蘭教徒對伊斯蘭教聖戰的了解與支持就像是基督徒對十字軍的了解一樣。在現代社會裡，只要為了保護

自己的國家、家庭或社區所發生的戰爭都稱為聖戰。就好像西方社會所謂的「正義戰爭」一樣。因此，即使大部分的伊斯蘭教徒並不認同，政治極端份子堅持其理想仍把游擊戰或恐怖活動視為聖戰。

對大多數伊斯蘭教徒而言，聖戰幾乎和一般美國基督徒所支持的任何正義戰爭一樣。根據聖戰理論，軍人有正當的理由去殺敵人；如果沒有這個理由，他將被判以謀殺罪，在伊斯蘭教裡是非常重的罪名。同樣道理，一個死於聖戰的人就如同殉道者一樣，所犯的罪行都會被原諒。

通常伊斯蘭教學者談到外顯的聖戰時，指的是刀劍的聖戰（如上所述）或是筆的聖戰，即用文章為伊斯蘭教、傳道活動或是簡單一點地為某種教育而辯護。另外還有一種內心的聖戰，是指自己對抗自己內在的私慾偏情。由於這些都是與生俱來的習慣性，而「本性難移」，因此又稱為更偉大的聖戰。

宗教儀式：生命週期儀式

在伊斯蘭教社會裡主張，生命由出生到死亡都會經歷無數的儀式。大部分的儀式在不同社會中有不同的方式。但是，在宗教信仰中所強調的部分重點在基本上仍有相似之處。包括男孩的割禮、結婚和死亡及葬禮的儀式等三種。

■割　禮

男性割禮在古蘭經中並沒有記載，但在所有的回教社會中都有這項儀式存在。在哈地斯中曾形容這個儀式是在穆罕默德之前的所有先知都有的一個習俗，特別是亞伯拉罕，據說他本人到八十歲還自己動手割了包皮。伊斯蘭教男孩的割禮時間從嬰兒時期到青春期都有，完全視他所處社會的文化和父母的社

會地位而訂。在許多伊斯蘭教社會裡，理想的割禮時間是出生後七天，因爲穆罕默德就是在他的孫子哈珊和胡笙出生後七天時，爲他們舉行割禮的儀式。另外一個理想的年齡是十歲，因爲另一份哈地斯中說，穆罕默德的堂弟伊邦・阿巴斯就是在那個年齡接受割禮的。在都市的家庭裡，割禮都是在醫院或是診所內悄悄舉行。在其他地方行割禮有一個很大的慶祝活動，接受割禮的男孩會永遠記得他的成長禮。在馬來西亞和土耳其行割禮通常在十三歲時盛大舉行。這些男孩子都會打扮得像個王子一樣，同時依照家庭的經濟狀況，在事後舉行慶祝宴會，這些男孩子會收到許多禮物。在這些社會裡割禮通常都在青春期時舉行，象徵這些男孩已開始步向成人的階段。公開舉行儀式就是要讓男孩子向大家展示他的勇敢和光榮，從此以後他在伊斯蘭教社會中就被視爲完整的一份子，此後無論行拜功和齋戒，他都可以跟大人一樣。

■結　婚

　　結婚是伊斯蘭教社會生活中的基本要素，雖然沒有明載爲宗教責任，許多人仍視抱守獨身主義或過獨身修道生活的人，人生不夠好也不完整。他們持這種觀點的理由大都是根據古蘭經以及先知穆罕默德的說法而來。據說先知表示，在伊斯蘭教中不應有獨身，此外他還說，當一個人結婚，等於完成了一半的宗教義務。古蘭經中還廣泛包含了一個人獲准結婚後的規定，和成爲夫婦後所應有的責任與義務等。在古蘭經中沒有列出的細節，都可在有關先知的索那與每一個社會的生活習慣中補全。

　　穆罕默德生長在一個非常家長式的社會，在那裡幾乎所有的經濟和社會力量都靠男人去完成。在新的古蘭經伊斯蘭教律

法則明確指出，女人可以向男人要求許多權利。許多伊斯蘭教女權運動者和自由派神學家都認為，從現代西方國家的觀點來看，其中的許多律法都已過時或不公。值得注意的是，在當時這些法律可是針對婦女的法定地位做了重大的改革。

　　根據素尼教派的法律，一個男人可以和同樣信仰伊斯蘭教或是信仰其他同是一神論宗教信仰的女性結婚。在另一方面，一個女人只能嫁給一個信奉伊斯蘭教的男性。這種不公平的論點起源於認定結婚最重要的目的就是為繁衍後代。在父系的社會裡，孩子必須跟著父親的信仰，如果一個信仰伊斯蘭教的母親和異教徒的男性結婚，他們所生的孩子，將失去他們在伊斯蘭教社會中的地位。什葉派這方面的要求更為嚴格，絕不准一個什葉派的男子娶一個非伊斯蘭教徒的女子為妻。

　　伊斯蘭教法律同時允許一個男人一次最多可以和四個女人結婚。然而古蘭經中鼓勵男子要公平地對待每一位妻子，但在同一章中又說這是不可能做到的事。伊斯蘭教徒大都反對一夫多妻制，認為古蘭經中暗示這是違反律法的行為，他們相信，一夫多妻制只是過渡時期的方式而已，因為在古時候尚未信奉伊斯蘭教的阿拉伯人習慣擁有很多位太太，不可能一下子就把這種婚姻習俗扭轉過來。

　　古蘭經中規定親戚的分類，其中有某些是有血源近親的關係，稱為瑪洪（mahram，禁止結婚的範圍），是指血源相近的關係是不能結婚的。實際上，伊斯蘭教和西方社會習俗唯一的不同點是，伊斯蘭教社會允許一個人和他的第一個表姐妹結婚。在許多傳統的伊斯蘭教社會裡都盛行這種婚姻制度，認為這樣不但可以加強家族間的連繫，還可以確保財產不落外人手中。日常生活裡，婦女在瑪洪的關係觀念下，在社會及家庭中

普遍必須戴面紗非常重要，因為婦女在沒有瑪洪關係的男性面前是不能除去面紗的。

就其本質而言，伊斯蘭教的婚姻制度是法律保障的契約式安排，提供了孩子成長的安全，及社會可以接受的性需求發洩管道。法律對婚姻的明文規定就是如此，因此將重點放在訂定契約的細節，並對萬一婚姻破裂而須離婚的條款明備縷述。不論如何，每一個伊斯蘭教文化都非常重視結婚典禮，盛大的婚禮過程看不到法律簽約的部分。許多的婚禮習俗擺脫不了當地文化的影響。敘利亞的伊斯蘭教徒婚禮和當地基督教徒婚禮類似，印度的伊斯蘭教徒婚禮和印度教徒的婚禮儀式大同小異。

伊斯蘭教婚禮涉及法律的部分包括了簽字和婚約見證。這紙婚約可以由新郎、新娘或是由他們的監護人簽署。婚約中最重要的部分是確定「新娘的價值」，是新郎給新娘成為她個人的財富。有些文化裡，所謂「新娘的價值」是一紙有約束力的短信，可以用來阻止男人提出離婚的要求；有些文化只將它視為結婚的一道正式手續或是一種習俗而已。不論如何，這些存在的事實被批評者認為是把女性的地位物化的象徵。

伊斯蘭教法律可以允許離婚。不過即使太太可以引用法律條文以虐待、忽視或是惡意遺棄等原因訴請離婚，做先生的離婚成功的比率還是比太太訴請離婚成功的為大。但，大部分的伊斯蘭教社會仍比較保守，同時是以家庭為取向的，即使法律上允許離婚，當事者仍會遭到很大的社會反對壓力。穆罕默德說過一句名言，在所有真主所同意的事件中，最讓人厭惡的就是離婚。

■死　亡

伊斯蘭教徒視死亡為人生的最高潮，人在死亡那一刻回歸

真主，並就今生的所有行為接受獎懲。就和其他的宗教一樣，伊斯蘭教徒視死亡為從此世進到另一世的通道。

最理想的情況是，伊斯蘭教徒死時面對在麥加「天房」的方向，口中要唸著沙哈達（我只相信阿拉是唯一真主，我信穆罕默德是阿拉的信使），那些身體太虛弱無法唸的人可以由親人代唸，不斷地替他們覆誦沙哈達的內容。在許多社會裡，人們還會唸著古蘭經第三十六章〈亞新〉（Ya-Sin），其中有多段經文有關於死亡的主題。

人死後必須在一天之內埋葬起來，如果是早上去世，在天黑以前就必須下葬，如果是在傍晚死亡，第二天早上就要入土。但事實上，下葬的時間時常會延後好幾天，例如當一個人死在外地時，要先送回家鄉才能安葬。

通常在死亡前要舉行淨身禮儀，這是屬於家中同性晚輩的工作。這個清洗的工作就好像祈禱前的淨體禮一樣，不同的是肉體必須用肥皂和水作奇數次的清洗（通常是三次），有時後還會灑上香水。在伊斯蘭教儀式中並沒有將屍體做任何防腐、穿衣或是修飾的習慣。軀體都是從頭到腳用白棉布包裹。通常也不用棺木，如果有，材質也不考究。

對伊斯蘭教徒來說，處理屍體只能採取土葬。墓穴通常有五呎深，底部有凹型小穴（因此橫剖整個墓地且呈 L 型）。屍體被放在穴中的右邊，頭部朝向麥加。然後將底部的凹穴封起來（通常是以未燒過的黏土磚），伊斯蘭教的法律不允許建造永久的墓地，只准造個簡單的土塚，再以一塊簡樸的墓碑標明位置。事實上，在伊斯蘭教的世界裡，長久以來到處都有精心建造的墓地，有些聖人或貴族階級的壯麗陵墓堪稱伊斯蘭教建築的傑作。印度的泰吉瑪哈陵（Taj Mahal）就是一個很好的例

子，埃及開羅的瑪穆魯克大墓地（Mamluk necropolis）也是一例。有些地方的整座城市是繞著一個偉大宗教人物的墓地發展起來的，例如伊拉克的卡爾巴拉（Karbala）、伊朗的馬什哈德（Mashhad）、和阿富汗的沙里夫（Mazar-Sharif）。

伊斯蘭教的葬禮一向會舉行一個簡單的儀式。一般是由四個男人抬著棺架到墓地去。棺架通常是一個用白色或綠色罩巾蓋著屍體的簡樸床架。參加喪禮遊行隊伍被視爲是一種社會責任，假如喪家沒有足夠的人可以陪同死者到墓地去，其他的伊斯蘭教徒看到了就有責任加入一起前往。不過這種習俗在現代熙來攘往的都市中已經很少見了。

喪禮的祈禱儀式是伊斯蘭教拜功的變型，雖然還是包括了針對死者所做的祈禱，期許生前所犯的過錯能獲寬恕，死後能得到指引。在伊斯蘭教的殯葬儀式中有一個有趣的現象，對孩子和殉道者的喪禮不同於一般人；由於小孩子無法對他們自己的行爲負責，在葬禮中並不代他們祈求原諒過犯。至於殉道者，一向被認爲他已盡除一切罪愆，因此不必爲他祈求原諒過犯，而且不必在下葬前爲他沐浴淨身，直接就以他們死時身穿的衣服下葬。

在許多的社會裡安葬過後一段時間（通常是死後的第四十天），將舉行一個特別的儀式來懷念死者。這個儀式包括將食物和錢等分配給窮人，以及前來誦念古蘭經的哀悼者。雖然伊斯蘭教律法中有許多誡命規定，個別或一大群人聚在一起哭泣（尤其是女人）的情形也很普遍。

宗教儀式：慶典節日

所有的伊斯蘭教宗教節日都是依照伊斯蘭教陰曆而訂。伊

斯蘭曆「黑蚩里」（Hijri）。源自穆罕默德從麥加遷到麥地那的事件「黑蚩拉」（Hijra）。伊斯蘭曆採行陰曆，比陽曆少了十一天。也就是說，伊斯蘭教的節日每年都往後挪，也就是說今年集中在夏季中的節日，十年後就集中在冬季。這樣使得伊斯蘭教的假日不像基督宗教的耶誕節或復活節那樣有季節的特性。

有些假期是屬於官定的主要宗教節日，適用於所有的伊斯蘭教徒或是某一個特別支系的所有成員。其他如聖人的節日，就只適用於某些特定的地區。除了這些節日，伊斯蘭教徒也有一些季節性的節日，比較沒有什麼宗教的色彩。其中最著名的是波斯的新年，或稱諾魯斯（Nowruz），正好與春分同一天，在伊朗及附近週邊國家，到了這一天都會熱烈地慶祝。

■開齋節：拉瑪丹月的高峰

開齋節（Eid al-Fitr）意指齋戒解除，在許多地方也稱為「可愛的節日」或是「小節日」，每年到了伊斯蘭曆十月一日就會熱烈舉行慶祝。這個假期是為了慶祝長達一個月的齋戒月結束，在這一個月中有許多對個人在飲食和社會行為上的嚴格要求，改變飲食時間、增加每天祈禱的次數，打亂了大家的日常作息(當然有人會說這就是齋戒月的目的)。開齋節使得大家可以結束齋戒回復正常的生活。許多開齋節的活動和齋戒月剛好相反。大型公開的祈禱儀式在上午舉行，由於參加的人很多，在許多城市的主要清真寺無法容納這麼多教徒來膜拜，必須移到大廣場上舉行。在齋戒月裡，所有的人都只在凌晨和入夜才進食，到了開齋節，他們大都不吃正餐而是整天不停的吃點心。整體氣氛是輕鬆的，在許多伊斯蘭教國家裡，學校和公家機關會放假兩天，有些地方甚至放得更久；如果能力許可，

有些人會穿起新衣服，小孩會從其他親戚處得到禮物，大部分都是金錢。

■犧牲節：哈吉的高潮期

犧牲節(Eid al-adha)也稱「主要的節日」、「忠孝節」，是伊斯蘭教最神聖的一個節日，象徵慶祝朝聖的高潮。這個節日是伊斯蘭曆最後一個月的十日，主要的特徵是舉行牲祭，以紀念亞伯拉罕自願為真主犧牲他的兒子。在伊斯蘭教經典中談到這個故事(聖經中也有記載)，真主要求亞伯拉罕把他最心愛的東西奉獻出來。當他體會到自己最心愛的就是他的兒子伊斯瑪時，他就去告訴伊斯瑪真主要他，伊斯瑪沒有任何遲疑就答應了。但亞伯拉罕無法忍受親眼見到自己的兒子被殺，於是用一塊布蒙著眼睛走向前，割斷伊斯瑪的喉嚨。亞伯拉罕在除掉蒙布後驚訝地發現伊斯瑪毫髮無傷地站在他身邊，在他的腳邊則躺了一隻被真主用來代替伊斯瑪的公羊。

經濟能力較好的伊斯蘭教徒都會以公羊獻祭來紀念這個節日。在某些不同的文化裡，人們會用當地的動物，如山羊、牛或是駱駝來代替。主要的要求就是做為犧牲的動物必須是公的、已成年且身體健康。用來做牲品的動物會被分給家人、鄰居和其他的窮人。由於每次朝聖中宰殺的動物很多，總肉量超過麥加當地人的消費數量。為了不浪費這些肉類，它們都被製成罐頭送到慈善機構。定居西歐或美國少數族群的伊斯蘭教徒，由於無法親自盡這項義務，只好贊助國際組織替他們做這件事，再將那些肉品分送給他們選擇的國家內的窮苦人家。

■穆罕里

穆罕里(Muharram)是伊斯蘭曆的第一個月，這個字也特指十二什葉派紀念殉道的穆罕默德的表弟阿里，更重要的還有

阿里的兒子及穆罕默德的孫子胡笙（Husayn）而言。人們在這個月的前十天舉行一連串的活動，每天晚上有專業說書人生動地講述胡笙的殉道故事，讓聽眾感動地流下眼淚。另外還有「受難劇」稱為踏吉亞（taʿziyas），演出胡笙和他家人所受的苦刑。觀眾通常都會深深地融入劇情中，劇中飾演壞蛋頭子害死胡笙的演員，常要靠警察的保護才能安全離開戲院。

　　整個節日中最特別的儀式是哀悼遊行，同樣也稱為踏吉亞。通常會有幾樣主要的東西：用燈光來導引整個隊伍、一個代表胡笙棺木的浮木、一個裝有武器的櫃子，和一匹代表他坐騎的馬。通常還會有一些穿著傳統阿拉伯服裝的小孩扮演在胡笙殉道後被送進監牢裡的家人。整個過程中還有觀眾參與一些哀悼儀式，包括用刀或刀片自殺。老一輩的什葉派教士對這種暴力的哀悼儀式都不表贊成，也不鼓勵一般人參與表演，但效果不大。

■一般節日

　　除了上述幾個主要的宗教節日外，在伊斯蘭教社會中還有其他許多節日，有些是屬於地區性或是派系性的，大部分都和蘇非派或是什葉派某一特別有關。其他的則是紀念先知的一些事蹟：包括他的生日（Rabi al-Awwal，伊斯蘭教三月十二日）；升天夜（Laylat al-Miʿray，伊斯蘭曆七月廿七日），據信穆罕默德在這一天升天和真主對話；力量之夜（伊斯蘭教陰曆的九月廿六日、廿七日之間的夜晚），為紀念穆罕默德第一次受啟示接觸古蘭經。許多伊斯蘭教徒會在這一個晚上徹夜不眠地祈禱，因為他們相信這晚向真主所做的祈求都蒙應允。

註　釋

①見第3章47頁有關討論伊斯蘭教理論中的擬人觀。

②許多在宗教上直接和阿瑪迪亞教派不同的意見，都可被持反對意見的宗教團體視為是一個大教派中的改革團體。同時素尼派看以阿瑪迪亞教派立國的巴基斯坦和巴基斯坦伊斯蘭教都還有一層政治上的考量，和對伊朗的巴哈派一樣。想了解更多阿瑪迪亞派和巴哈派的資訊，可參考《伊斯蘭教百科全書》第一冊和第二冊。

③《伊斯坦堡的蘇利曼情結》；翻譯本，作者 Gulruecipoglu，in Mugarnas3 (1985), pp, 92-177.

5 現代社會的伊斯蘭教思想
Islamic Thought in the Modern World

伊斯蘭教世界的版圖，不論在
地理上、文化上和政治上都在阿巴
斯王朝統治的幾個世紀裡，和後來
王朝衰退的十二、十三世紀不斷地
擴充。十三世紀下半葉是伊斯蘭教
歷史上一個重要的時期，原因是伊
斯蘭教世界遭遇到蒙古人入侵，蒙
古人的勢力擴大到整個西亞地區，
最後並導致阿巴斯王朝的首都巴格

達在西元一二五八年被摧毀。巴格達在當時伊斯蘭教世界的地
位就如同羅馬在歐洲一樣，不但是阿巴斯王朝的首都，也是整
個伊斯蘭教世界的中心，同時也是地中海地區的國際化城市。
它遭到摧毀，以及其他如伊朗、伊拉克等伊斯蘭教重要區域被
非伊斯蘭教徒的蒙古人佔領、統治，在一向自認是真主最喜愛
的宗教區域的伊斯蘭教社會造成很大的危機，並形成宗教信仰
上前所未有的精神創傷，一直到歐洲的殖民地主義到來才帶來
另一次更大的創傷。

　　蒙古王朝在伊斯蘭教世界的統治時間很短，但卻引進了一
個新的時代，阿拉伯人在文化與政治上的掌控權漸漸轉移到波

西班牙格拉那達亞漢布拉宮（The Alhambra）時期的獅子庭（1354-91），亞拉皇宮（源自阿拉伯語『紅色』之意）是伊斯蘭教黃金文化在西班牙的遺物，是當時唯一能和三百年前伍瑪亞德王朝相抗衡的文化。

斯人、土耳其人和其他的種族手中。不過，阿拉伯語仍是當地學者和伊斯蘭教社會人民的主要語言。在那段時間裡，傳教士、信奉神祕主義的人士和商人把伊斯蘭教傳到更遠的地方，因此到了十六世紀時，它已傳到印尼、東非、和西非撒哈拉沙漠以南的草原地帶。

十七世紀當歐洲國家開始在政治和文化上征服其他國家時，伊斯蘭教傳布的版圖也擴展到最高峰的時期。很多觀察家都認為，伊斯蘭教勢力及其重要性的衰退，和歐洲基督教的興起有著因果關係。伊斯蘭教歷史修訂學者將這個變化歸咎於伊斯蘭教學者在學識的追求方面停滯不前，這些人早在十三世紀時就被指控停止在知識上創新，把吉塔哈（ijtihad；獨立推理的能力）的門關上。歐洲人在文藝復興時代和啟蒙時代一直將這個視為造就文化天才的管道。除了這些大範圍的社會變化以外，快速的技術發展也無疑地幫助西方社會更加進步。如高超的航海技術使得歐洲國家很快的「發現」美洲。歐洲人找到新的黃金來源和拓展商務的途徑後不久，國家就快速發展起來，比較起來，伊斯蘭教世界和中國文化似乎靜止不動。

殖民地時期的伊斯蘭教

歐洲殖民地時期的遭遇和後殖民地時期的經濟或軍事都受到西方國家統治的那段時間，對伊斯蘭教的發展是個關鍵時期。除了土耳其、伊朗、阿富汗和沙烏地阿拉伯之外，其他的伊斯蘭教國家都曾經淪為殖民地。即使沒有真正成為殖民地的國家也是逃不過殖民地主義的陰影：沙烏地阿拉伯、伊朗和阿富汗都成為保護國或是在主權上對英國與俄羅斯大幅讓步；屬於奧圖曼帝國核心地區的土耳其，其位於東歐和北非的領土，

不斷地和西歐國家有所接觸，到十九世紀和二十世紀初期還必須屈辱地對這些國家割讓領土。較近代，西方的技術和媒體，不斷地把西方世界的信念和價值觀帶進伊斯蘭教世界，進入每一個伊斯蘭教家庭。

十九世紀時許多的伊斯蘭教徒意識到歐洲世界在技術和科學方面的成就，已遠遠超越伊斯蘭教世界的水準。許多伊斯蘭教學者和政治人物都認為必須要使教育和國家機構現代化，以便能夠和西方世界競爭。伊斯蘭教傳統主義的守護者奧圖曼帝國開始進行改革，終於使土耳其成為一個政教分離的共和國。成立一個部門以掌管宗教捐款和基金，以前這些都是獨立自主的。西元一八六八年第一所歐洲形式的學校在伊斯坦堡成立，西元一八七六年成立奧圖曼國會。

大部分的改革時期稱為**坦吉瑪德**（Tanzimat，1839-76），可以見到在軍事訓練和軍事機構的實質改變，以培養出一批職業軍人。這些人在二十世紀初期有效地掌握國家的政權，並防止土耳其在一次世界大戰（1914-18）失利後慘遭被瓜分的命運，同時建立了一個以種族而非宗教路線基礎的共和國。在西元一九二四到一九二八年期間，當時的共和國第一任總統和英雄，土耳其之父凱末爾，廢除了哈里發，並建立了宗教官員和政府公務員無所區分的教育制度。他同時廢除了宗教法庭和學校，禁止所有蘇非派的組織，最後宣布伊斯蘭教非國教。二十年後政府又重倡宗教自由論，但這時候，宗教機構和政府功能早已經分道揚鑣。

傳統和改革

十八、十九世紀的伊斯蘭教思想家大都專注於如何加強及

促進社會進步。他們從伊斯蘭教過去和未來發展觀點來看，視這種抱負為賦予伊斯蘭教生命或是重新賦予它生命。有些思想家採取先進的觀點，認為社會進步有賴於理性和科學的世界觀。現代許多伊斯蘭教的學者則傾向於放棄這種想法，因為它太過於物質化。他們認為，這種觀念忽略了進步發展得以寄生的大環境。①他們比較強調「反璞歸真」，認為這比較能包容社會上不同的需求。在伊斯蘭教的解釋中，反璞歸真有兩種形式，一種是個人的，強調每一個伊斯蘭教徒都應修身，使自己更完美；另一種是團體的，伊斯蘭教徒必須努力建立一個真主指引的社會。②

返璞歸真的信念主宰了本世紀大部分的伊斯蘭教思想，從追求個人精神層次完美獨立的思考，到社會性的積極行動，都可以看到伊斯蘭教企圖擺脫西方思潮的影響。如返璞歸真的追求是源自於相信在有一種理想的伊斯蘭教形式，不論是從古蘭經中的文字表面來看，或是從先知的生活中都可找得到。這種「返璞歸真」伊斯蘭教是可以得到的，同時也是唯一可為伊斯蘭教和伊斯蘭教徒注入活力的方式。

西方的評論人士一直將所有的伊斯蘭教運動和人士都歸類為信奉基本教義者，這個名稱在當代的社會裡討論到伊斯蘭教時非常普遍被認同。毫無疑問的，信奉伊斯蘭教基本教義的人也同時和伊斯蘭教基本教義一樣被定義為：1.引述經文的內容絕對正確；2.相信經文的字面真理及跨越時、空的可行性；3.不論在某段時間裡是否有人真正的奉行，有一種理想的宗教形式永遠存在；4.在過去的某段日子裡曾存在著理想的或烏托邦式的宗教社會。

但由於相信古蘭經是真主永恆的訓誨，這也是伊斯蘭教的

中心精神所在，因此有人會說大部分的伊斯蘭教徒是伊斯蘭教基本教義派。③基於這個理由，單憑「基本教義」這個名詞並不能讓人了解伊斯蘭教世界各種思想。至於其他的名詞，如改革主義、復興主義、激進主義等等，同樣無法完全解釋伊斯蘭教，也容易產生誤導。在本章和下一章中，我會兼具源自於——現代社會的伊斯蘭教意識型態，對返璞歸真，概念的不同理解，以及對現代主義的接納，產生一套簡化的名詞。

傳統主義（Traditionalists）是指那些伊斯蘭教思想和文化，自先知時期以來，直到歐洲殖民地主義文化入侵，有一種延續性。那些主張傳統的伊斯蘭教教育學者、社會制度、政府組織和宗教精英，他們主張回到前「返璞歸真」的殖民地時期的伊斯蘭教社會。極端的傳統主義者拒絕進步的技術進入他們的生活，包括電力、現代醫藥和鐵路〔如同二十世紀初期發生在沙烏地阿拉伯的**瓦哈比**（Wahhabi）運動，不過現在他們早已接受進步的技術〕。傳統主義是一種失去功能的意識型態，奉行者通常是上了年紀的宗教學者，他們認為本身的特權已被現代社會逐漸侵蝕。

和傳統主義者並列的不只是現代主義者（Modernists），而是含義更廣泛的現代人，而其中重要的一種類型是**伊斯蘭教派**（Islamists）。這些人相信一個伊斯蘭教社會的建立必須依照伊斯蘭教的原則，並依照他們所了解的伊斯蘭教律法和價值而管理。大部分的伊斯蘭教主義者相信，實行伊斯蘭教律法和「趨善避惡」，可以讓人民接受「返璞歸真」的伊斯蘭教價值觀並融入日常生活中，進而營造一個「純樸的」伊斯蘭教社會。但要特別注意的是，伊斯蘭教主義者並不是現代主義者，但是他們的思想和行為都很現代化。原因可能是伊斯蘭教社會的快速

轉型，這又肇因為都市化和遷移，或是使用現代化的工具——從汽車的運輸革命到大量將資訊與人分享的印刷媒體及電腦。

相反地，現代主義者能接受較多樣的意識型態，對所有人類生命的本質賦予新意，其中包括理性思考者的獨有形式和重視個人信念的特徵都加以肯定。他們傾向於相信，在導致現代化的過程中，急遽背離傳統價值是必然的，因為現代科學和理性思考取代了以宗教信仰為基礎的信念。伊斯蘭教徒以單純的信念擁抱科技，現代主義者則擁抱產生科技的價值與思想體制。許多伊斯蘭教的現代主義者，特別是那些活在十九世紀末到二十世紀中期的人，對現代科學的成就感受甚深，並對應用科學的方法所完成的事務感到樂觀。較近期的現代主義者和其他的非伊斯蘭教思想家一樣，對工業和資本主義的發展和所謂負面的影響抱持覺醒的態度，他們重視個人的發展甚於社會的發展。

許多伊斯蘭教的現代主義者也同時擁護自由主義（Liberalism），特別是在意見和事實的分野上，他們也因此認為持不同意見者可以進行辯論。經由辯論，一方可能說服對方接受他所提的觀點，但也有可能被對方更好的見解說服。因此，伊斯蘭教徒並不是自由主義者，他們不允許個人對真理的看法和實際的真理之間有任何差異存在。

在本章的下半部，我提供了在十九世紀末和二十世紀裡，一些比較重要的伊斯蘭教思想家最具代表性的觀念。我的目的並不是要提供一份完整的名單，而是要表現出伊斯蘭教派和現代主義教派思想的多樣性。

早期的改革者

■雅瑪·阿丁·阿富汗尼

雅瑪·阿丁·阿富汗尼(Jamal al-Din Afghani，1839-97)關切的兩件事，一是保衛伊斯蘭教世界的領土，抵抗歐洲擴張主義的入侵；一是加強伊斯蘭教世界的內部力量。他常被批評為過於政治化。這位伊朗籍的教育家事實上被認為是比較理論派的，在伊斯蘭教的兩代間擁有很大的影響力。

阿富汗尼駁斥當時一種普遍認為歐洲人天生比伊斯蘭教徒優越的看法。相反的，他提出「真正的伊斯蘭教」本身最終是植基於理性，這也正是西方成功的根本。他接受科學的世界觀，甚至聲稱：「伊斯蘭教是最接近科學和知識的宗教，兩者間並無矛盾。」④

伊斯蘭教之所以變得愈來愈弱也不團結，完全是因為它早已忘本，而且幾世紀以來一直都毫無創意地傳授教義並且把精力耗費在無謂的教義分歧上。阿富汗尼將古老古蘭經中的「翁瑪」(包容的伊斯蘭教社會)和現代的國家主義相結合，提出一種泛伊斯蘭教主義的新觀念。他呼籲什葉教派和素尼教派和解，共同對抗歐洲人的入侵。

阿富汗尼回應早期自由派的伊斯蘭教思想，認為古蘭經中的詩句如果現代人無法理解，應予以象徵性的詮釋。然而與過去的作法截然不同的是，他主張任何人只要了解穆罕默德的生活，就可以自行解釋古蘭經的經義。他相信伊斯蘭教教育學者有責任將知識傳授給伊斯蘭教社會其他人，不過他反對具有神職的宗教學者的存在。最重要的是伊斯蘭教徒應努力重新獲得在黃金時期所有伊斯蘭教的重要特質；否則伊斯蘭教就會被歐

洲人所消滅。

■穆罕默德‧阿布都赫

　　追隨阿富汗尼的腳步，埃及籍的穆罕默德‧阿布都赫（Muhammad Abduh，1849-1905）對伊斯蘭教的根本不可改變的教條，和伊斯蘭教的社會的和道德教義，認為後者應隨著社會環境的改變而改變，不過仍需在古蘭經的約束範圍之內。阿布都赫鼓吹全面改革埃及教育，最值得稱道的是他強調婦女教育。他雖然在使阿茲哈大學（Al-Azhar University）現代化的工作上功敗垂成，但也確實激勵了其他思想家。例如下面會討論到的阿里‧阿布‧拉吉克（Ali Abd al-Raziq，1888-1966），同意宗教和政治應分離的看法。其他如敘利亞的拉席德‧瑞達（Rashid Rida，1865-1935）主張強力維護伊斯蘭教的教義，並支持嚴格的漢巴里（Hanbali）律法教派，最後甚至支持伊斯蘭教瓦哈比（Wahhabi）教派的觀點。

政治與信仰的追求

■瑞法‧阿‧塔塔威

　　埃及的瑞法‧阿‧塔塔威（Rifah al-Tahtawi，1801-73）雖然傾心於西方文化，但他同時也尋求挽回伊斯蘭教文化中一些最好的內容。在埃及的統治者穆罕默德‧阿里的指派下，擔任埃及駐巴黎使節團團長五年，他特別寫下對法國以開放態度接受新觀念的推崇。他以歐洲的方式將埃及教育制度現代化。同時，其主張的自由主義卻是以伊斯蘭教傳統為根本。他辯稱，伊斯蘭教律法和歐洲的「自然法」兩者間並沒有什麼不同。因此在某些特殊的環境下，如果可以在歐洲的法律規範中找到正確的答案，就可以加以採用。塔塔威曾經以散文和詩句的方式

驕傲地寫下埃及的歷史（包括前伊斯蘭教時期信仰），他並以奠定埃及的當代國家主義知識上的基礎而受到推許。

■吉雅‧哥卡普

雖然是以土耳其現代的國家主義意識型態創始者而聞名，吉雅‧哥卡普（Ziya Gökalp，1875-1924）實際上他所追求的是把種族的驕傲融入新的伊斯蘭教社會思想中。他相信所有的社會都是從原生狀態，進入有機狀態，最後進步到現代——這也是伊斯蘭教國家和其他國家相同的地方。哥卡普提到兩種互補卻又相斥的歷史根源：那斯（nass；經文），包含古蘭經和正統的穆罕默德言行錄；另一種是優富（urf；社會傳統），也就是伊斯蘭教社會的行為，大部分都是經過優勝劣敗的辯論後而流傳下來的。前者是真主的旨意，因此沒有討論的餘地；後者則是一種社會運作，因此是可以塑造改變的。在歷史上，把所有四種主要的伊斯蘭教律法理論學派標用不同的「處方」（recipes），綜合經文和社會傳統，以求得解決法律問題的新方法。他採用較為歐洲的模式，將經文和社會傳統分別比喻成神聖和世俗。聖訓的經文是神聖的，但經社會的運作無可避免的就比較世俗。事後看來，即使在古典的伊斯蘭教時期，神聖的道德範疇仍然有別於世俗的政治。哥卡普最後結論指出，宗教的核心意涵可以和世俗社會的解脫分開。在他的著作中，他強調伊斯蘭教不會因為某些人放棄了已不存在的東方文化去取悅西方文化就不存在。簡單地說，他接受西方理性的模式，也不排斥伊斯蘭教的存在價值。

■阿里‧阿布‧拉吉克

西元一九二四年廢止以國家元首為穆罕默德繼承人的「哈里發」制度對傳統的伊斯蘭教人士來說是一場大的災難。對他

們來說，這不僅象徵切斷了和過去的歷史延續，同時也切斷了伊斯蘭教和政治力量間的任何關係。在當時阿里‧阿布‧拉吉克（Ali Abd al-Raziq；1888-1966）寫了一本《伊斯蘭教與政治權力來源》（*al-Islam wa-usul al-hukm*）的書，書中敘述了伊斯蘭教歷史和信仰的根源，最後導出一個革命性的結論：撇開災難不談，停止哈里發制度，可能是讓政治和宗教分離的唯一機會。

本身是阿茲哈教長的兄弟，加上是牛津的畢業生，阿布‧拉吉克確實有資格談這個話題。他辯稱假如哈里發的權力不是源自眞主（像早期的學者所說的），而是源自於伊斯蘭教社會，那麼社會的共同意見自然可以要求排除哈里發。他暗示即使是穆罕默德在社會的政治地位也是和宗教上的先知地位不同的，因此「伊斯蘭教國家」的觀念這個名詞本身可能就有矛盾存在。即使整個世界都奉行伊斯蘭教，並依此承認一個政府「將是踰越人性的，也不符合眞主的旨意……阿拉認爲人類是各不相同的。」⑤他宣稱，回教永遠也不可能成爲一個國家的律法基礎。

傳統的伊斯蘭教學者批評他將伊斯蘭教降級爲純粹精神上的制度一點都不讓人驚訝。更嚴重的是，他們指控他破壞伊斯蘭教徒對先知的記憶，以及對「理想的伊斯蘭教社會」持懷疑態度。阿布‧拉吉克認爲所有的伊斯蘭教社會只要願意，都應有權選擇自己的哈里發。這表示，任何眞正的伊斯蘭教社會所做的共同決定都不違背伊斯蘭教教義。

■穆罕默德‧伊喀巴

和土耳其的哥卡普一樣，穆罕默德‧伊喀巴（Muhammad Iqbal，1873-1939）也是以作爲一個現代國家（巴基斯坦）的思想

之父而聞名。他在西元一九三〇年代就首先提議在印度的西北方建立一個伊斯蘭教國家，他也是一位受民衆喜愛的愛國詩人。但是使他留名青史的卻是他視伊斯蘭教教義的核心目標是個人的精進改善這個哲學思想。伊喀巴將早期的伊斯蘭教現代主義者的科學態度推向一個更關鍵的一步——他認爲，由於眞主創造了自然法則，因此研究自然就是一種宗教的行爲。他說，「自然之於神聖正如個性之於人。……自然的知識就是上帝行爲的知識。」⑥

同時，伊喀巴也認爲古蘭經中就已經指出現實世界的精神本質。他認爲宗教提供了科學以外所有問題的答案，科學終究只能提供「現實世界的局部觀點」。事實上，只有宗教能讓人類理解他們存在於宇宙中的目的，那就是作爲眞主在這個世界的代表，不論他們曾經如何失敗。不論過去有多少次的失敗經驗。在這個前提下，他解釋亞當和夏娃被逐出天堂並不是一種墜落，而是提升到另一個意識層面，亞當（就人類存在的外延而言）是一個自由的個體，有不服從和懷疑的能力。

伊喀巴的世界觀是正面的。宇宙是不斷成長和進步的，人類最後會戰勝所有的邪惡。但是這需要每個個體都奮鬥追求自我精進，並充分了解他們是在宇宙中代表眞主。從許多方面來說，這種想法反映了歐洲思想的普遍態度，而事實上，伊喀巴也得到在歐洲受教育的好處——最早是在他家鄉的英國教會、再來是拉合爾的政府大學，接著是劍橋、海德堡和慕尼黑。他的想法直接受古蘭經的影響。但是他獲得的結論卻是革命性的：追求自我完美成爲一種祈禱，而祈禱的行爲並不受限於伊斯蘭教的儀式。

■沙伊德・阿布拉拉・穆杜迪

穆杜迪（Sayyid Abu'l-A'la Muwdudi，1903-79）和伊喀巴是同一國且同一時期的人，但是有趣的是，他們對伊斯蘭教與國家的問題採取不同的態度。伊喀巴歡迎伊斯蘭教國家巴基斯坦的建立，而作爲伊斯蘭教學者和記者的穆杜迪卻和一些傳統派人士聯手反對巴基斯坦建國。他認爲建立一個國家和由所有的伊斯蘭教徒形成一個伊斯蘭教社會的信仰不符，他也同時擔心留在印度教徒居多數的印度境內的少數伊斯蘭教徒的安全。

但是，當巴基斯坦在西元一九四七年建國時，穆杜迪立刻就搬到這個新國家去，他的雅瑪阿信教派（Jama'at-e Islamic）在全國各地煽動成立完全伊斯蘭教派的伊斯蘭教國家。在他於西元一九七九年去世前兩年，穆杜迪見證了巴基斯坦伊斯蘭教法的頒布，這項法律取消了許多「不合伊斯蘭教」的公民權及社會改革。

反對他的人認爲他在倡導一種過氣的思想，但事實上他對僵化伊斯蘭教傳統文化的批評一如他對西方模式的現代社會的批判。他呼籲伊斯蘭教徒回歸「眞正的」伊斯蘭教，以先知的社會——政治秩序爲目標，放棄任何不是直接從古蘭經或是穆罕默德的聖行（sunna）而來的事務。在此同時，他也一再傳達「哈里發」的思想，指每一個人都可以是「哈里發」，這就和伊喀巴所強調的「個人精進」相類似。但穆杜迪主張的創造完美的個人本身並不是目標，只是建立一個完美社會的手段。回應古蘭經中「趨善避惡」的教義，穆杜迪堅定地相信行政當局加強社會內部的美德。

■沙伊德‧奎特

沙伊德‧奎特（Sayyid Qutb，1906-66）可能是二十世紀以來最偉大的改革思想家，特別是針對阿拉伯世界中活躍的伊斯

蘭教政治團體。他成爲有影響力的素尼派組織**伊斯蘭教兄弟會**（Muslim Brotherhood）的思想領導者，他的主要著作《里程碑》（*Milestones*）中的主張都被一些激進組織所採用，包括在西元一九八一年暗殺埃及總統沙達特。

奎特受穆杜迪和兄弟會的創始者哈珊‧阿巴那（Hasan al-Banna）的影響，但也加入自己的看法。其中最主要的是對無知的時代（Jahiliya）提出反傳統的新詮釋。傳統上，這指的是伊斯蘭教時期以前無神與獨裁的種種缺點。但奎特將它的意義擴大到泛指許多伊斯蘭教國家腐敗的統治者。他認爲假如這個社會不是依照眞正的伊斯蘭教法則統治，所有眞正的伊斯蘭教徒就有責任起而和「壓迫」他們的統治者抗爭。

他的追隨者以截然不同的方式解釋他的呼籲：有些人主張蓋學校並參與國家選舉；有些人（少數知名人士）主張採取暴力和恐怖活動。後者也逐漸成爲當權者用來對付異己的方式。換句話說，壓迫促使本來溫和的伊斯蘭派教徒「趨於激進」。奎特本人則被埃及民族主義的領導人拿瑟（Gamal Abdul Nasser）以散播叛亂思想的罪名處決。他以素尼教派爲模式，提倡一種在當代的伊朗廣爲人知的宗教政治思想。

伊朗的革命

十二什葉派（Twelver Shiʻsm）在西元一六〇〇年成爲伊朗（古波斯）的主要宗教，但卻讓它的神職人員陷入諷刺的兩難局面中。傳統上，什葉教派代表的是壓迫而不是力量；理論上，什葉派認爲所有的政府都是腐敗的，一直到隱藏的伊瑪（Imam，什葉派宗教領袖）回到需要被救贖的人世間。不管從那一方面來看，政治都是一種「骯髒的勾當」，政治激進主義

被認爲是無用的。

　　同理，這些同樣的信仰培育了一個強壯、獨立的宗教統治
階級。事實上，這股潮流在西元十八世紀更爲加強，當時素尼
派的阿富汗曾短暫佔領了伊朗，迫使伊朗的什葉派學者逃到奧
圖曼帝國所統治的伊拉克的那札和喀巴拉城，那裡靠近阿里和
胡笙墳墓的地方，他們被稱爲**阿雅托拉**（Ayatollahs）的資深神
職人員，在那裡他們從事學術研究。即使後來什葉派光復了伊
朗王朝，大部分的阿雅托拉仍然留在伊拉克繼續他們的工作，
遠離伊朗的統治。

　　綜合以上所述，可以理解爲什麼伊朗的宗教學者（ulama；
稱爲伍黑瑪）都是獨立作業且在西元十九和二十世紀時期，都
是站在反對王朝的立場。在一九〇六年代有一連串的抗議活動
導致伊朗向憲法改革。結果在第二年憲法增加了一項條款，闡
明由五名宗教學者所組成的委員會，如果認爲國會通過的法令
條文和伊斯蘭教條文有所牴觸，有權予以否決。但是第二年伊
朗國王在蘇聯的支持下，解散國會終止了所有的憲法改革。

　　西元一九二一年，一名准將推翻了伊朗王朝的統治，在傳
統派神職人員的支持下，於西元一九二五年十二月自立爲國
王。在其後的幾年內他在古老的伊斯蘭教神學理論下成立了巴
勒維王朝（是前伊斯蘭教神話的回響），利用這這些神職人員來
和主張政府應有實施更民主體制的現代主義論者對抗。有些神
職人員不喜歡他的親西方政策和虛榮浮誇的作風，但勉強接受
這樣的安排，因爲他們寧可接受巴勒維統治，而不願接受共黨
統治的夢魘（鑑於蘇聯長期介入伊朗的邊防，這種恐懼是確實
存在的）。

　　到了西元一九六〇年代，伊朗的違反人權事件和過於親美

的政策導致包括神職人員和主張自由主義思想者在內的反政府
示威，柯梅尼成為王國內最敢於發言的批評者，他在他的神學
院中被政府的軍隊逮捕。上千名信徒在為他被捕下獄進行抗爭
的行動中犧牲。西元一九六四年，堅持立場不變的柯梅尼先被
放逐到伊拉克，繼而到了法國，在國外仍繼續他的主張。最後
到西元一九七八年，由主張政教分離者，宗教學者、工會領
袖、共產黨徒及婦女團體所組成的大聯盟迫使國王離開伊朗。
但是當神職人員在西元一九七九年建立一個完全的「伊斯蘭教
共和國」後，所有參與對抗前王朝的人都感到受騙了。不止是
因為他們沒有任何代表在新政府中，同時新的政權採用了相同
的安全機器，採取和前王朝相同的殘暴行為來對付反對者。

　　柯梅尼成為伊朗的精神領袖，並且很快的成為一個負面的
形象。在他的統治下伊朗為全球所孤立，失去過去伊斯蘭教世
界和西方國家盟邦的信任，和伊拉克打了一場付出極高代價的
戰爭，在國內實施人權迫害；暗殺住在國外的異己；高級知識
分子遠走國外；國家財富大量流失；與使國內經濟長達十年停
滯不前。在此同時，許多柯梅尼在成立革命政府以前所持的理
念，成為一些激進派伊斯蘭教徒所崇拜的榜樣，其中有些觀念
非常類似拉丁美洲地區主張解放神學論者的論調。

■柯梅尼

　　柯梅尼（Ayatollah Khomeini，1902-89）聲稱宗教學者的責
任是建立一個伊斯蘭教國家，並取得行政、立法和司法等權
力。這種特殊的政府運作形式被稱為是「法理的統治」（ve-
layat-e faqih）。宗教學者握有最高且絕對的行政權，他的資格
來自無與倫比的宗教法的知識。最高領導者的道德標準是最高
的，事實上是沒有任何的污點。柯梅尼領導伊斯蘭教革命後成

為伊朗的宗教領袖時，毫無疑問，他正是這一類型統治的最佳典範。

柯梅尼是依照伊斯蘭教的先例，包括聖訓中的記載來推行他以學者治國的理論，聖訓指出：「伊斯蘭教社會中的學者就如同先知一般。」他和穆杜迪的想法一樣，認爲一個有良好品德的領導階層才能建立一個有良好品德的社會。但不像其他二十世紀的伊斯蘭教派學者，他同時也強調階級和經濟剝削的象徵意義，這點和反對伊朗國王的馬克斯主義者相互呼應。他說：「假如伊斯蘭教的神學者遵守真主命令……老百姓就不會挨餓過著可憐的生活，伊斯蘭教的律法也不被擱置在一旁。」⑦

有時候，柯梅尼爲窮人請命的言論極爲類似同一時期拉丁美洲的羅馬天主教解放派學者所寫的：

> 伊斯蘭教解決貧窮的問題，並將此列爲最重要的工作：「要對窮人施捨。(Saddaqat)伊斯蘭教很明白，窮人的問題要優先解決。⑧

■阿里‧夏里阿迪

有些伊斯蘭教學者認爲柯梅尼結合傳統伊斯蘭教對窮人和受壓迫者的關懷，和馬克斯主義和社會主義的思想和象徵，是爲了借用另一位重要的伊朗伊斯蘭教思想家阿里‧夏里阿迪(Ali Shari‘ati，1933-77)的聲望。和柯梅尼不同的是，夏里阿迪雖然在他正常的就學生涯中接受了正式的伊斯蘭教教育，但不是生長在一個神職人員的家庭。經過五年在巴黎求學後他回到伊朗。但由於對國王的批評，使得他被放逐到法國最後死在

法國，但他死因引起多方的揣測。夏里阿迪很惋惜最好的伊斯蘭教宗教學者是由歐洲人教出來的，不是伊斯蘭教徒自己。他說，「身為伊斯蘭教的信徒，（我們必須）正確且有方法地學習和認識伊斯蘭教，光有虔誠的信仰不算是什麼美德。」⑨

　　和伊喀巴一樣，夏里阿迪力勸他的信衆要發現個人的獨特性，藉此達到返璞歸眞的目標。他在他的著作中一再重覆這個理論，他以什葉派的英雄如穆罕默德的女兒法蒂瑪爲例，她超越自己的社會角色達到完美的人的境界。⑩夏里阿迪認爲什葉派是要經由自我犧牲來改善社會。他又以法蒂瑪的兒子胡笙爲例，他自願殉道以揭發他的「邪惡敵人」的原罪。夏里阿迪寫道：「殉道(shahadat)是對所有世代的一項邀請，假如你不能殺死暴君，就去殉道。」⑪在阿拉伯文「殉道」一字同時指殉道和見證。那麼，承受極大的痛苦而又活著做見證，又是怎麼樣的人呢？對夏里阿迪來說，這種人是屬於胡笙的姐姐札以納(Zaynab)之列，在提醒社會有關個人和群體的宗教責任上，扮演著非常特別的角色。

結　論

　　這裡所提到思想家都是在二十世紀有重要影響力的代表。早期的現代主義者如阿富汗尼和阿布都赫主張科學和工業化，以及伴隨這兩者而來的世界觀，這些對未來強化伊斯蘭教社會有很大的幫助；接下來的伊喀巴和拉吉克，在工業化時代來臨帶給他震撼漸漸消退後，他轉而專注於歐洲現代主義所特有的各種自由的價值觀，這一路的進展。夏里阿迪在發展伊斯蘭教的現代主義上扮演重要角色，他不止是有意識地把西方的思想引進伊斯蘭教社會，而且過程也是基於他對伊斯蘭教歷史的了

解而推動。

　　這些思想家都和那些積極煽動藉由國家的力量執行伊斯蘭教律法的伊斯蘭教主義者形成對比。很明顯的可從穆林迪和柯梅尼的例子看出，若干伊斯蘭派的伊斯蘭教徒深受伊斯蘭教現代主義者思想的影響，雖然他們只選擇自認為適當的，反對大部分的自由與多元化思想。這種潮流卻一直繼續到現在，使得對伊斯蘭教與伊斯蘭教徒的未來有不同見解的個人間彼此具高度的不信任。

註　釋

①發展永無止境意識型態也永遠相隨。由 E F. Schu-macher 所寫的《小就是美：人們所關心的經濟要素》是一本談到意識型態發展的書，認為意識型態的發展需考慮到特殊的社會環境。(牛津：Blond and Briggs 出版社，1973)。另一本由 Arnold Pacey 所寫的《科技的文化》一書是反駁科技和文化價值無關的一本書。(倫敦：Blackwel 出版社，1983)。

②一本詳細探討伊斯蘭教真實性的書，見《戰勝傳統與現代：探尋伊斯蘭教的真實性》，作者羅勃·李(Robert D. Lee)，(布爾德；西方觀點出版社，1997)。

③一本詳細探討不同宗教的基本教義現象的書，見布魯斯·勞倫斯(Bruce B. Lawrenc)著，《真主的捍衛者：現代社會中堅信基本教義的人》(舊金山：HarperandRow 出版社，1989)。

④尼克·凱蒂(Nikke R. Keddie)著，《對帝國主義的回應》(柏克萊：加州大學出版社，第二版，1983)，P.107。

⑤李奧納多·賓德著，《伊斯蘭教的自由主義：一部評論伊斯蘭教意識型態的書》(芝加哥：芝加哥大學出版社，1988)，P.142-3。

⑥穆罕默德·尹克巴著，《重建伊斯蘭教的宗教思想》，由薩伊·謝赫(M. Saeed Sheikh 編輯，拉合爾：伊斯蘭教文化中心出版，第二版，1989)，P.45。

⑦柯梅尼著，《伊斯蘭教與革命：伊曼·柯梅尼的著作與宣言》，由漢伊德·阿爾格(Hamid Algar)翻譯與註解(柏克萊：密桑出版社，1981)，P.23。

⑧柯梅尼，P.120。

⑨阿里·夏里亞德所著《伊斯蘭教社會學》，由漢伊德·阿爾格翻譯(柏克萊：密桑出版社，1979)，P.60。

⑩阿里·夏里亞德著，《法蒂瑪就是法蒂瑪》，由拉列·巴克迪亞(Laleh Bakhtiar 翻譯(德黑蘭：夏里亞德基金會，著作年代不詳)。

⑪麥地·阿貝迪(Mehdi Abedi，和蓋瑞·萊亨哈森(Gary Legenhausen)編輯

《吉哈德與沙哈達：伊斯蘭教中的奮鬥與殉道》（休士頓：IRIS，1986），
P.214。

6 展望未來
Looking to the Future

過去一百年來，伊斯蘭教徒就有心要加強內部伊斯蘭教並抵抗西方世界的侵略，這種熱切的渴望形成不同伊斯蘭教團體的不同態度。許多伊斯蘭教改革者，特別是伊斯蘭派，都受限於兩層障礙——他們不但感受來自西方國家的威脅，同時也被自己的光榮歷史擊敗。許多伊斯蘭教徒還沈浸在過去光榮的歷史中，當時伊斯蘭教世界有許多世界上最富有的城市，也是最重要的學習中心。他們發現很難同時接受兩種事實，一是他們自認為他們的天命就是要成為照亮世界其他人類的火炬，另一方面，他們卻沒有任何立場去和其他社會一較長短，一個最痛苦的事實是，不但沒有一個伊斯蘭教國家躋身於開發國家之列，許多伊斯蘭教國家還名列全世界最貧窮的國家，同時面臨極大的社會問題。

如前章所提到的，大部分的現代伊斯蘭教思想家都認為，如要避免目前的情況，最好方式是，再次決心建立一個純正的伊斯蘭教社會。但是在尋求的過程中又碰到一個老問題：那一

這張土耳其明信片表達對在波士尼亞內戰中犧牲者的同情，圖片說明寫道：「波士尼亞－赫塞哥維納的流血、殘酷和淚水。」

種教派的伊斯蘭教才是最正統的？

假如住在伊朗西部山區德克的婦女一向都在初生嬰兒身上放一個護身符以避免惡魔近身，這樣算不算是一種純正的生活形態？這樣的婦女有沒有權力對告訴她們必須向真主祈禱以求保護的宗教激進份子提出質疑呢？伊朗伊斯蘭教共和國已在革命的名義下，顯示對此行為

農夫的敵意，因爲在革命的名義下，他們訴求的「純正」伊朗價值觀是西方的無神論、重物質生活和科學的宇宙主義論。①

　　魯西迪事件的爭論可以作爲伊斯蘭敎和西方世界在二十世紀末關係的風向計和指標。

魯西迪事件

　　魯西迪(Salman Rushdie)是一位印度籍伊斯蘭敎徒，當他在西元一九八六年出版《魔鬼詩篇》(The Satanic Verses)那本書時，在英語世界已是一位極負盛名的小說家。這本書一發行就立即引起一場爭論，和它文章的好壞無關，而是由於書中毀謗先知穆罕默德，連帶地使伊斯蘭敎傳統的好名聲受損。

　　最激烈的反應來自印度和巴基斯坦。這本書很快就在當地被禁，並引發強烈的暴動，隨即在魯西迪所住的英國，伊斯蘭敎團體也發出抗議。在美國加州，兩家陳列這本書的書店被炸彈炸毀。最嚴重的是在一九八九年二月十二日柯梅尼名發布一份個人的審判，稱魯西迪是個「褻瀆神的人」，宣稱他的罪狀應予處死並懸賞取他的性命，從此這名作者就只好被迫躲在英國。

　　小說本身展現了魯西迪玩世不恭的機智詼諧、諷刺性、創造神奇和充滿各種情節的真實世界的才華。它的書名源自古蘭經中五三章第十九到廿三節的一個故事，描寫伊斯蘭敎誕生前的三個神祇，也就是真主阿拉的三個女兒。這些就是《魔鬼詩篇》的內容。此外，魯西迪在書中也有多處冒犯了伊斯蘭敎徒，例如暗示穆罕默德的太太們都是妓女且以一種諷刺的口吻

描述柯梅尼在巴黎的流放生活。

　　這件醜聞導致這本書在上市的第一年銷售了一百萬本，主要是由於題材新鮮，使它成為有史以來最少人讀的暢銷書。但魯西迪事件後來的影響遠遠超過當初有關這本書是否冒犯伊斯蘭教徒的問題。許多伊斯蘭教徒反對對他的生命威脅，但並沒有因此轉而同意他的看法。基本上，魯西迪事件造成兩種價值的衝突：一名藝術工作者自由表達自己意見的權利；和少數團體不因他們的信仰而受欺負或歧視的權利。就像學者阿卡巴‧阿邁德(Akbar S. Ahmed)所說的：

　　　　假如西方國家無法了解伊斯蘭教徒是多麼的尊敬先知，相對的，伊斯蘭教徒也不會在乎作者在西方遭受到死亡威脅和著作被燒毀所造成的衝擊。這些作為包含著深切的文化意義和歷史共鳴。它們碰觸到西方人最敏感的神經。其中牽涉他們視為最大的成就和最高貴的思想，包括言論自由、表達和行動的自由；憎惡檢查制度；尊重不同的意見；以及一種開放且自由的社會等。……宗教法庭，不滿傳統教會終於導致宗教改革，納粹和前蘇聯的檢查制度等，這些都是他們曾經走過的路標。對他們來說，焚書的印象永遠令他們和德國的希特勒產生聯想。它象徵著最黑暗的邪惡力量、混亂和恐懼；代表著種族仇恨和知識分子的絕望。②

　　雖然如此，少數伊斯蘭教人士「過度的反應」已造成許多西方人士認為伊斯蘭教徒心胸狹窄又野蠻的印象。實際上，埃及的最高宗教法律顧問夏克‧坦塔威(Shaykh al-Tantawi)和素

尼派的宗教權威，都反對這種非法的執行死刑的方法：

　　處理這類問題最好的方法是先讀完這本書，以科學的方式駁斥其中的錯誤內容，證明作者對真主的不公平侮辱。除非他犯罪被判死刑，否則不應擅自處死他，同時執行判決也要由相同的政府負責。③

　　也有其他的人認為什葉派的神職人員像柯梅尼，對素尼派沒有管轄權，因此對世界上大部分的伊斯蘭教徒也沒有管轄權。但是，和其他世界上發生的大事結合起來，魯西迪事件無可否認的強化了一直以來的懷疑和一成不變的觀念。西方國家的態度讓許多伊斯蘭教徒相信西方國家對伊斯蘭教徒有敵意，並質疑他們作為公民是否受到同等的對待。他們以英國宗教法律的偽善為例指出，它們只保護了英國的教會，卻沒有擴及到其他的社會。

　　此外，這次事件也顯現了移民到西方國家，聚居在公有住宅的伊斯蘭教藍領階層，和同化度較高的伊斯蘭教知識分子間的鴻溝。前者並沒有同質性，他們大都只認同和自己同一種族或來自同一國家的團體，他們之中有的完全未同化，有的只在工作上融入，但在社會生活上則仍是隔離的。許多未在生活上同化的移民者並不相信那些已完全同化的同胞，將後者視為出賣國家的背叛者。特別是，像魯西迪這種對西方世界懷有自卑感的人，只能以對大多數同樣移民海外的同胞採取高傲優越的姿態才能得到滿足，他們聲稱代表移民，但平時和他們的接觸也只限於到族群社區去吃飯或是上雜貨店買買東西而已。

西方社會的少數伊斯蘭教民族

　　有足夠的證據顯示，在美國、英國、法國和其他國家的伊斯蘭教徒都有意操縱西方社會的象徵和工具（例如電視、印刷媒體和網際網路），因為他們相信這些技術能夠加強伊斯蘭教社區的內部力量，並且能夠讓屬於少數族群的伊斯蘭教徒在所居住的多元社會裡受到重視。事實上，透過絕大多數個人的努力，而不是已被同化的精英的力量，伊斯蘭教徒在歐洲和北美地區還是得到社會的承認。魯西迪事件和其他發生在英國工人階級伊斯蘭教社區內的家庭暴力事件，使得伊斯蘭教徒和亞裔移民日漸成為全國的焦點。在此同時，英國的內政部也警告指出，警方對巴基斯坦和孟加拉移民的態度，已經造成這些少數族群的猜疑和敵對態度，並且可能引發種族暴動。英國在西元一九九七年選出第一位伊斯蘭教國會議員。次年，教育部通過將兩家伊斯蘭教學校納入國家的教育機構中，這兩間學校分別設在倫敦和伯明罕。這個決定讓伊斯蘭教學校和它們所傳授的教育內容，與英國國教、羅馬天主教及猶太教社區學校享有同等的地位。

　　伊斯蘭教徒在美國的情況略有不同。因為對非洲裔的美國人來說伊斯蘭教是非常重要的宗教，而他們又被視為是「真正的」美國人。伊斯蘭教隨著第一批從西非被運來的奴隸進入美國。雖然在奴隸制度下，曾受到壓制，重點被消滅，但伊斯蘭教在美國爭取民權時期找到了新的象徵地位。當時它被定位為真正來自非洲的宗教，和被視為是「白人宗教」④的基督宗教不同。雖然早期的一些組織，如「摩爾人的科學殿堂」（Moorish Science Temple），和以利亞·穆罕默德（Elijah

Muhammad)所領導的「伊斯蘭教國度」(Nation of Islam)，都不是伊斯蘭教移民正統，在瓦雷斯·穆罕默德(Warith Deen Muhammad)的領導下（以及死後才聲名大噪的馬爾可十世〔Malcolm X〕的影響），大部分的非洲裔美國人都被素尼敎派同化。在非洲裔美國人和伊斯蘭敎移民的合作下，總人數大約有五百萬的族群，已使伊斯蘭敎在美國的社會地位產生若干重大變化，特別是在西元一九九○年代，美國總統開始在一些伊斯蘭敎的宗敎節日發表聲明，國會的各委員會開會都以伊斯蘭敎祈禱方式開始、軍中也開始有伊斯蘭敎的敎士。西元一九九八年雪域大學成爲全美第一個在伊斯蘭敎宗敎日放假的機構，雖然並沒有得到太大的注意，但仍是伊斯蘭敎的一個重要里程碑。

伊斯蘭敎現況

在各個不同的伊斯蘭敎社會裡，最敏感的一個問題就是誰最能代表標準伊斯蘭敎模式，以及伊斯蘭敎的傳統習俗、信仰和機構要如何修正以適應快速變遷的世界。有些現代主義的伊斯蘭敎徒和西方的批評者傾向於認爲，傳統派和伊斯蘭派對伊斯蘭敎的解釋偏執和對整個人類的進步有侵略性的威脅。伊斯蘭敎的律法和傳統的儀式也被議論爲落伍，他們或是完全的排斥伊斯蘭敎或是只尋找伊斯蘭敎能適應當代需要的部分。

許多伊斯蘭敎的評論者，不論是伊斯蘭敎徒或非伊斯蘭敎徒，都能從蘇非派的禁慾運動中找出比較可接受和比較寬大的伊斯蘭敎面貌。相反的，伊斯蘭派和傳統派卻毫無差別的都被視爲保守人士。他們把遵行過時的宗敎儀式和律法看得不比個人精神和身體的福利還要重要，他們強迫個人去接受他們自己

認為可以接受的宗教和社會行為。

　　評論者認為蘇非派認同伊斯蘭教在行為和信仰上的寬容傳統是最值得受肯定的特徵。驗證這種態度最普通的方式就是婦女選擇服飾和行動自由的立場，或是一般的伊斯蘭教價值觀是否在一個社會中獲得實行（例如在齋戒月不得公開飲食，或是一整年對飲酒和酒類販賣的規定等）。事實上，社會容忍和蘇非派的伊斯蘭教社會，或是領導系統間的相互關係並不那麼簡單。許多伊斯蘭教的改革者故意引起蘇非派內部的問題，引起大衆對蘇非派伊斯蘭教的負面觀感，並加以利用以取得社會影響力。

　　有些伊斯蘭教徒對蘇非主義或是蘇非派社會的攻擊都符合一種想散播一個「眞正的」伊斯蘭教形式。許多改革者認為，大部分的蘇非派思想和內容都不存在於穆罕默德時代，因此是不好的變革。伊斯蘭教的傳統派人士不僅批評蘇非派哲學和許多靜坐沈思的做法，同時也批評蘇非主義中悖理或異教的表達方式，認為是道德敗壞及享樂主義的。但許多對蘇非派社會更強力的批評卻是對世襲聖者的效忠所創造出來的僵化而且剝削的社會體系。在部分信仰伊斯蘭教的國家裡，包括土耳其和伊拉克的庫德族、巴基斯坦和部分的摩洛哥地區的信德族，政治力量掌握在世襲的聖者家族手中，他們的聲望來自擁有巴拉卡（baraka），並以此獲得當地人民對他們的效忠。

　　儘管蘇非派的社會結構具有潛在的剝削本性，一些伊斯蘭教社會中，人們將蘇非派定義為一個眞正的、本土的伊斯蘭教，有別於以伊斯蘭教派為代表的，外來的所謂標準的傳統。這種情形特別在一些前蘇聯國家中可以看得出來，如車臣，當地人對他們自己以蘇非派的規定和對宗族的忠誠度為基礎的傳

統伊斯蘭教，和據稱受沙烏地阿拉伯資助的傳教士所散播的瓦哈比改革主義，有很明顯的區別態度。瓦哈比改革主義認同早期採行蓄鬍子、戴瓜皮小帽和戴面紗的傳統；而在宗教的唯一的信念下拒絕對宗族的忠誠。因此，他們常被譏笑及受到宗教迫害，甚至偶爾危及他們的古老村落。瓦哈比改革主義威脅到車臣的生活方式，且漸成為新的領導地位，阿富汗就極力主張這種伊斯蘭教的偏狹方式。

在車臣，許多普遍批判性議題正談論著：一般人民與精英分子的關係，伊斯蘭教社會與西方社會的關係，婦女在性別角色中的關係等等。最終的核心問題，其實是：誰能賦予「真正的」伊斯蘭教的主張？

婦女在伊斯蘭教的地位

在古蘭經和穆罕默德的言行錄(哈地斯)中都提到婦女在伊斯蘭教中的地位，包括她們在宗教及精神方面的權利和義務，以及她們在社會中的角色和地位。古蘭經的主要用意似乎是要使婦女在社會中的地位一致，婦女地位在不同的族群習俗和經濟情況下有很大的不同。許多早期的阿拉伯伊斯蘭教社會並不喜歡生女兒，他們甚至會把女嬰殺掉，這種行為在古蘭經中受到強烈的譴責：

> 當生女兒的消息傳來時，他的臉色變暗，內心充滿了痛苦，他羞愧的把自己藏起來，遠離自己的族人與朋友！他該忍辱的把她留下來還是把她埋掉呢？哦，這是多麼邪惡的決定！(16：58-59)

在部分古蘭經的詩篇中則清楚的說明男、女信徒有相同的宗教權利和責任：

　　對伊斯蘭教徒來說，不分男、女只要是謙虛的、慈悲的、守齋戒的、守貞潔的、讚美真主的，真主也隨時準備寬恕他們和對他們的善行給予回報。（33：35）

也有的詩篇談到男女兩性生物學上的平等——「真主在你們當中創造出你的伴侶」（30：21）。古蘭經中同時也強調愛情的重要性——「他將愛與慈悲放在你倆之間」（30：35）和相互扶持——「男人和女人互相保護」（9：71）。但是在古蘭經的其他章節中，也將男人描寫得比女人地位崇高：

　　男人是女人的保護者和供養者，因為阿拉賦予男人勝過女人，也因為男人以他們所有的財產供養女人。因此一個女人應該絕對的服從丈夫，在丈夫不在家時照護家裡。如果女人對丈夫不忠或行為不好，勸誡她、疏導她，或者把她痛打一頓。假如她們服從丈夫，就好好的待她們。哦！真主是最高的裁判。（4：34）

許多伊斯蘭教女性主義者將古蘭經中包含男人較女人優秀的觀念，歸因於在當時的阿拉伯社會裡女人地位是次等的觀念是非常的根深柢固。但辯者則強調婦女在古蘭經中的地位比起希伯來的聖經或是新約聖經，及在任何的印度教或是佛教教義中都來得高。

許多伊斯蘭教女性主義者把在伊斯蘭教社會中男性家長式

的結構歸罪於伊斯蘭教散播的環境。她們特別指出地中海國家有嚴重的討厭女性的情結。當伊斯蘭教徒擴散到這些物質文明比阿拉伯世界先進的文化中，他們會以為男優於女的觀念也是值得模仿的。早期的聖訓主要是仰賴著穆罕默德的遺孀阿伊莎提供的資料，一般而言這些聖訓提倡兩性之間的平等。不過在後來收集的聖訓中，阿伊莎的地位被貶低，並且包含嚴格禁止女性自由的律條。⑤

　　雖然在大多數的伊斯蘭教社會中，社會結構是男女不平等的，但來自不同背景的婦女通常還是擁護，而非排斥她們的宗教傳統。伊斯蘭教的女性主義者拒絕認同視伊斯蘭教有歧視婦女傳統的西方批評者，她們也不認同認為婦女地位低於男性的

馬來西亞信奉伊斯蘭教的年輕女性使用電腦的情形。大多數伊斯蘭教國家都已接受新科技。

社會結構才是正統伊斯蘭教的傳統派伊斯蘭教徒。她們發覺在伊斯蘭教內部有兩種互相衝突的理解，其一表現在對社會的實際規範，其二則表現於道德觀念中。

　　道德上明確存在兩性平等的觀念，說明了何以伊斯蘭教婦女常常向非伊斯蘭教徒堅稱，伊斯蘭教不是性別歧視的。她們正當而合法地從聖訓中聽到和讀到一種不同的訊息，這個訊息和主張正統與以男性為中心的伊斯蘭教執法者所聽到的是不同的。⑥

　　對西方解放思想(許多伊斯蘭教現代主義者也持相同的看法)的進一步挑戰表現於年輕的專業婦女的一種趨勢，她們自動戴上面紗，以象徵她們的自主權。這類伊斯蘭派婦女自認為是在追求真正的伊斯蘭教婦女地位的理想，她們並認為其他擁抱西方衣著標準的婦女(她們的女兒往往才剛戴上面紗)是視女性為裝飾與玩物的價值體系的奴隸。⑦

■詮釋的問題

　　不論是伊斯蘭派或現代主義者，大部分伊斯蘭教女性主義者認為，在古蘭經中有明確的陳述女人的地位比男人低下的部分，應該把它視為一種隱喻。必須在它所描述的那種狀況下才有意義。

　　伊斯蘭教女性主義者認為應視當時的情況與隱喻的方式去領略古蘭經的論點，這和普遍的伊斯蘭教信仰產生了衝突。伊斯蘭教信仰認為古蘭經就是真主說的話，因此應照字面接受，它的約束力是在任何情況下都是恆久不變的。不過，她們絕非唯一區分聖訓的字面意義和它的道德含意的人。許多保守的伊

斯蘭派和傳統派人士經常作此畫分。最明顯的例子是在西元一九七○年代末期巴基斯坦討論到禁止蓄奴的合法性問題時。拘泥於古蘭經字義者認為經文中提到釋放奴隸是一種美德，就代表不應該廢除這項奴隸制度，以免後代子孫沒有機會去做這件有美德的事。這種論調引起各派宗教學者的反對聲浪，他們主張古蘭經中所提到的這一段就是要闡述人與人間是平等的；他們從經文的上下文中發現這項叙述發生在伊斯蘭教可以蓄奴的時期，因此希望把伊斯蘭教推向不再有這種情形存在。

有些伊斯蘭派教徒也有類似的以隱喻方式解讀古蘭經的傾向，例如前面提到的古蘭經允許男人打太太。為它辯護者聲稱，打太太可以用很溫和的方式，甚至可使用羽毛並明確的表示體罰是違反伊斯蘭教價值觀的。儘管避免丈夫虐待妻子的用意值得稱道，但這樣的解釋並不能改變一個事實：在任何事例中，丈夫都可教訓妻子，而妻子卻不能反過來教訓丈夫，這是不符合兩性平等的觀念的。⑧不過，這樣的立場已超過了字面的解釋，也因此留下來了未來討論是否依字面實行聖訓的空間。

結　論

要預測存在許多不同國家的伊斯蘭教世界的未來是不太可能的。但是有一種比較保險的說法是，在廿一世紀前半段必須解決的一個大問題是，對伊斯蘭教多元的解釋能不能並肩存在於伊斯蘭教社會中。如阿爾及利亞的穆罕默德·阿孔（Mo-hammed Arkoun）等自由派學者主張更廣泛的了解伊斯蘭教，包括對現有的各種思想和做法。對伊斯蘭教不論從信仰和日常生活中都要廣泛的了解。只有透過這個辦法才能實現真正的伊

斯蘭教世界。

很不幸的是，現今的社會與政治潮流，不只是伊斯蘭教社會還包括全世界，可能會暗示著自由主義和多元理論已經衰微，未來的世界將可見到在追求真實的伊斯蘭教世界裡因不和諧的觀點而引發更大的衝突。存在著一個難題，在諸如烏茲別克、哈薩克和土耳其等伊斯蘭教國家中，它們迫害伊斯蘭教徒同時剝奪他們在政治和社會上表達的自由。這種迫害產生的反作用又威脅到政府的威信，因為它們在大眾面前讓伊斯蘭派教徒合法化，使他們有理由指控政府腐敗及不願滿足人民的需求。另一方面，一些伊斯蘭教團體在部分國家所留下的紀錄讓人無法相信他們在以各種方式取得政權後，會建立一個有競爭力或遵守倫理的國家，或是他們會實現社會和民主政治。

全球對伊斯蘭教徒的印象就是伊斯蘭教極端團體，如在阿富汗的塔利班或武裝伊斯蘭教組織，他們在阿爾及利亞進行了令人震驚的暴行，這些印象削弱了伊斯蘭教徒的地位，讓人民更清楚的考量，他們依照古蘭經文行事所信仰的伊斯蘭教，和國外以伊斯蘭派為代表的伊斯蘭教徒所信仰的伊斯蘭教，有什麼不同。

也許許多主流派伊斯蘭教徒和現代主義教徒他們企圖以理性的方式呈現伊斯蘭教。從這個觀點來看，伊斯蘭教是一種理想宗教，因為(他們認為)它擁有最有效的法律和社會體制，或是因為(在他們的觀念中)伊斯蘭教和科學，尤其是經過現代科學家的證實，是完全和諧的。這樣的想法事實上對多數伊斯蘭教徒並沒有吸引力——還有可能產生負面的效應，因為它將這個宗教只定位為一個法律與政治制度——縱然是一個完美的制度，而令他世俗化。這個情形使這個宗教缺少一種超自然、神

聖或是感情上的層次，而這正是激發人類堅守信仰，發揮想像
力與天份，創作出代表文明精華的藝術與知識作品的原動力。
因此，伊斯蘭教的未來可能有賴重新審視它豐富的遺產，並以
各種現代的方式重新表現這個龐大又充滿活力的宗教。

註 釋

①李，P.178。

②阿克巴‧阿邁德(Akbar S. Ahmed)著，《伊斯蘭教與後現代主義：處境與承諾》(倫敦：Routledge 出版社，1992)，P.170-71。

③引用阿諾爾‧阿布杜拉(Anouar Abdallah)其他著作 *Pour Rushdie：centintellectuels arabeset musulmans pour la liberte d'expression* (巴黎：La Decouverte，1993)，P.287。翻譯本收集在羅傑‧艾倫(Roger Allen)的《研究伊朗》英文版中(28：3-4，1995)，P.231-3。

④了解更多非裔美國人信仰伊斯蘭教的情形可參見亞倫‧奧斯丁(Allan D. Austin 著，《南北戰爭前的非洲伊斯蘭教徒》(布魯明敦：印地安那大學出版社，1977)。

⑤爲重新詮釋早期伊斯蘭教社會的女性地位，參見法蒂瑪‧默尼思著，《面紗和以男性爲主的社會：從女性的觀點看伊斯蘭教中的女權》，瑪麗‧雷克藍(Mary Jo Lakeland)翻譯，(麻塞諸塞：艾第森-衛斯理，1991)。一份從穆罕默德的妻子阿伊莎談起，經過時間流轉後所反映出理想伊斯蘭教婦女的觀念，見丹妮斯‧史培梅格(Denise A. Spellberg)著，《政治、兩性與伊斯蘭教的過去：從阿伊莎到阿比‧巴克(Abi Bakr)》(紐約：哥倫比亞大學出版社，1994)。

⑥里拉‧阿罕梅德(Leila Ahmed)著，《伊斯蘭教中的女性與兩性關係：從現代的觀點辯論歷史的根源》(紐約：耶魯大學出版社，1992)。

⑦從早期的反抗到接受面紗，見夏里發‧朱荷(She-rifa Zuhur)著，《揭發：現代埃及的伊斯蘭教兩性觀點》(奧爾班尼：紐約大學出版社，1992)。

⑧了解更多有關婦女在婚姻中的權利，參見第四章75-6頁。

小詞典

Abbasids　阿巴斯　素尼王朝的名稱，統治伊斯蘭教世界的黃金時期。

Abdallah　阿布達拉　穆罕默德父親的名字。

Abd al-Muttalib　阿布‧阿穆塔里　穆罕默德祖父之名。

Abu Bakr　阿布‧巴克　穆罕默德的朋友、智囊，也是他妻子阿伊莎的父親，
素尼教派第一個哈里發。

Abu Talib　阿布‧塔里　穆罕默德的叔父，穆罕默德成為孤兒以後就接手照
顧他。

adhan（ azan）　阿德漢（阿彰）　伊斯蘭教祈禱召集令，每天從清真寺廣播
五次。

Ahmadiya　阿瑪迪亞派　宗教改革家波斯跨迪亞親王（卒於1908）的追隨者，
他們由於尊崇他為先知而被許多素尼派教徒視為叛教者。

A´isha　阿伊莎　阿布‧巴卡的女兒，穆罕默德的妻子。她比他多活幾十年，
在伊斯蘭教初成期是很重要的教義和歷史資訊的來源。

al-Ashᵒari　阿夏里亞　伊斯蘭教歷史中非常有名的神學家，是阿夏里亞神學
派的創始人。

al-Azhar　阿薩　研習素尼教派最有名的中心，也是世界上少數歷史最久的
大學之一，座落在埃及。

Ali　阿里　穆罕默德的堂弟和女婿，什葉派尊為第一任伊瑪姆、也是素尼派
第四任哈里發，是早期伊斯蘭教非常重要的人物。

Allah　阿拉　對「真主」的尊稱，是伊斯蘭教對上主的專有名詞。

Amina　阿蜜耶　穆罕默德母親的名字。

Ashᵒariya　阿夏里亞學派　伊斯蘭教中最有影響力的神學學派。

aya（複數 ayat）　阿雅　意指「真主的指令」，也用來形容古蘭經中個別的
詩篇。

Ayatollah　**阿雅托拉**　十二什葉教派中地位崇高的教士，獲授權提出法學立
　　　　　論。

Azan　見 adhan。

baraka　**巴拉卡**　有時拼為barkat 或 bereket，一種由真主傳給人類的神奇力
　　　　　量，據信只有蘇非派的聖者才能擁有。

Batin　**冥祕的**　蘇非派所使用的專有名詞，什葉教派認為在古蘭經文中代表
　　　　　外在的觀點。

Caliphs　**哈里發**　穆罕默德之後伊斯蘭教的領導者。從阿拉伯文 khalifa 衍生
　　　　　而來，意指「代表」，暗示哈里發本身並沒有名實相符的統治權
　　　　　力，他只是真主和先知的代表而已。

Chisht　**吉斯帝**　吉斯地蘇非教派的修會組織名字，在南亞廣泛流傳。

dhikr(zikr)　**德海克(席克)**　意指「覆誦」、「背誦」、「喃喃自語」或是
　　　　　「提示」，是蘇非派在沈思時最普遍採用的方式。

Eid al-Adha　**犧牲節**　伊斯蘭教犧牲節，慶祝朝聖儀式結束。

Eid al-Fitr　**開齋節**　伊斯蘭教開齋節。

fana　**法那**　蘇非派的一種神祕觀念，意指在與真主合一時個人的殊異性全
　　　　　部化無。

faqih　**法貴**　專研伊斯蘭教律法學的神學理論學者。

Fatima　**法蒂瑪**　穆罕默德的女兒，阿里的妻子和胡薩伊的母親，她是什葉
　　　　　派崇敬的重心。

fatwa　**費德瓦**　一個法律觀點或法令；由專司回答伊斯蘭教律法問題的穆法
　　　　　蒂所提出的。

fiqh　**菲跨**　伊斯蘭教的律法。

Hadith　**哈地斯**　記載穆罕默德的言行或軼事的著作，地位僅次於古蘭經。

Hafiz　**哈非斯**　意指「守護者」，尊稱能背誦古蘭經的人。

Hajj　**哈吉**　去麥加朝聖，是伊斯蘭教的一種宗教義務。

Hanafi　**哈耶非**　素尼教派四所法律學校之一。

Hanbali 漢巴里 同上。

Hashim 哈新 穆罕默德的宗族名。

Hijra 黑蚩拉 穆罕默德和他的追隨者於西元六二二年從麥加遷移到麥地那，也開始了伊斯蘭教曆法。

Husayn 胡笙 阿里和法蒂瑪的小兒子，先知的外孫。他在卡巴拉的犧牲是什葉派信仰和宗教儀式的主要焦點。

ijtihad 伊吉哈德 一位合格的伊斯蘭教法律學者的獨立推論過程，又稱為mujtahid 或 faqih。

Imam 伊瑪姆 意指「領導人」，指任何在清真寺中引導祈禱儀式的人。更重要的是，它是指伊斯蘭教什葉教派社會中的真正領導人。

iman 信仰。

Islam 伊斯蘭 意指「投降」或是「歸順」，是跟猶太教與基督教非常接近的一神教。信仰這個宗教的人稱為 Muslims（穆斯林，伊斯蘭教徒）。

Islamists 伊斯蘭教派 一群相信有必要依照伊斯蘭教的原則建立一個社會的人，他們按照他們所了解的伊斯蘭教律法和價值觀管理這個社會。

Ism aᶜilis 伊斯蘭教 什葉教派支系之一。

isnad 哈地斯傳承。

Jabriya 早期的一個神學派，強調人的所有行為都是由神意加以控制，完全沒有個人自由意願。

Ja'far al-Sadiq 雅法·阿沙迪 什葉派第六位伊瑪姆，他開創了什葉派主要的律法學派。

jahiliya 無知的時代 意指「無知、混沌」。用來形容伊斯蘭教未興起降臨前的阿拉伯社會。部分伊斯蘭教組織以這個名詞來形容世界上未達到美德和廉能政府標準的地方。

Jama'at-e Islami 亞瑪阿德教派 在南亞伊斯蘭教徒中最有權力的伊斯蘭教組織，和素尼教派有很大的關係，在中亞地區影響力日益

增強。

Jihad　吉哈德　意指「聖戰」是「在真主的道路奮戰」之簡稱，此一觀念包括所有保護伊斯蘭教或是進一步鞏固伊斯蘭教目標的活動。

jinn　邪靈　古蘭經中提到的邪靈，通常是指具有魔力的存在者。

ka'ba　天房　座落在麥加的立體建築物，據信是亞伯拉罕依照真主的指示所建，是伊斯蘭教徒祈禱或是朝聖的重心。

kalam　卡蘭　意指「演說」或是「對話」，是伊斯蘭教神學者最常見的名詞。

khadija　卡迪雅　先知第一任妻子，她同時也是第一位信奉伊斯蘭教的人。

Khalifa　見 Caliph。

koran　見 Qur'an。

liberalism　**自由主義**　一種強調意見和事實之間差異性的意識型態。相信不論是個人或團體，如有不同的見解應透過對話而不是以武力或是壓迫的方式讓對方接受。

Maliki　馬里奇　四個屬伊斯蘭教律法學派之一。

masjid　馬斯吉德　一個伊斯蘭教祈禱的場所，和清真寺同。

Mevlevi　梅列維　蘇非派修會的名字只流傳在土耳其和其他受過奧圖曼帝國統治的地區。因截然不同的沈思宗教儀式而出名。

mihrab　米哈伯　清真寺中的祈禱壁龕，指出祈禱的方位。

minbar　明吧　一個講壇，清真寺中最重要的建築特徵之一。

modernists　**現代主義者**　伊斯蘭教的改革者，在他們的認知中所有對人類生命的新義都和過去不同。現代主義的特性是特別注重理性的思考，體認個人的重要性。

mosque　清真寺　一個伊斯蘭教徒祈禱的地方，與馬斯吉德同樣。

mufti　穆法帝　由政府指定專門回答有關伊斯蘭教律法的人。

Muhammad　穆罕默德　伊斯蘭教第一位先知，伊斯蘭教徒相信神啟示給他古蘭經，他是舊約聖經中提到的始自亞當，包括所有先知以及

耶穌基督之後的最後一位先知。

Muharram　**穆罕里**　伊斯蘭曆中第一個月份，和十二什葉教派哀悼穆罕默德的表弟和他的兒子胡薩亞去逝的日子。

mujtahid　**穆塔席德**　一位受尊敬且好學的伊斯蘭教學者，有權去做獨立的推理工作。

muslim（陰性為 muslima ）　**穆斯林(陰性為穆斯利馬)**　意指公開宣稱信仰伊斯蘭教者。

Muslim Brotherhood　**伊斯蘭教兄弟會**　阿拉伯世界中最有力的伊斯蘭教徒組織，和其他許多伊斯蘭教社會中的素尼教派維持良好的關係。

mu°tazila　**穆塔吉拉**　伊斯蘭教歷史上最重要且最有影響力的神學學派名。

nabi（複數為 anbiya ）　**納比(複數為安比亞)**　一位先知。在伊斯蘭教的信仰中信奉先知是非常重要的信條。

namaz　**納馬斯**　伊斯蘭教的祈禱儀式，與 salat 同義。

Qadariya　**瓜達里亞**　早期的伊斯蘭教神學學派，相信人有絕對的自由意志。

qadi　**跨迪**　伊斯蘭教的法官。

qawwali　**跨瓦里**　吉斯地蘇非教派獨特的誦唱方式，為其沈思的一部分。

qibla　**奇伯拉**　伊斯蘭教徒的祈禱方向，在全世界不論任何地方都應面向麥加的卡巴。

Qur'an　**古蘭經**　伊斯蘭教經書，據信是由真主向先知穆罕默德所啓示的。

Quraysh　**古拉西**　穆罕默德所屬部落名稱。

Ramadan　**齋戒月**　伊斯蘭曆第九個月，在此月內伊斯蘭教徒必須守齋禁食，每天從日出前到日落後禁止吃、喝、抽菸、打架或有性生活。

rasul（複數為 rusul ）　**拉蘇(複數為盧蘇)**　先知，真主藉著他把具體的消息傳遞給一般平民。

sajda　撒哈達　在伊斯蘭教祈禱儀式中所行的俯身致敬禮。

salat　禮拜　伊斯蘭教祈禱儀式，拜功。

sema　寶瑪　梅列維什葉派非常特別的旋轉舞沈思方式。

Shafi°I　夏非　四個伊斯蘭教律法學派之一。

shahada　沙哈達　伊斯蘭教信仰誓言內容：「我相信世界上只有眞主一位神，穆罕默德是眞主的使者。」

Shari′a　伊斯蘭教法律。

Shi°ah　和 shi°i 同。

Shi°i　什葉派　伊斯蘭教一支派，和主要的素尼教派不同，對於阿里之爲穆罕默德的繼承者，意見不一。

Shi°ite　和 shi°i 同，什葉派。

Sufism　蘇非派　伊斯蘭教神祕的宗教狂熱思想蘇非主義，和塔薩伍夫同。

Sunna　索那　指先知的生活習慣和傳統，此字用於日常生活中，爲非正式的生活模式或和法律來源。

sunni　素尼派　伊斯蘭教中最主要的教派。

sura　穌拉　古蘭經中單章的名稱。

Tanzimat　坦吉瑪德　在奧圖曼帝國時代一段現代化改革時期，從一八三九年到一八七六年。

tariqas　塔里加　蘇非派教條，在伊斯蘭教的思想和社會中是非常重要的地位。

tasawwuf　塔薩伍夫　用以形容伊斯蘭教中範圍相當廣泛的神祕宗教思想。

tawhid　塔薩德　與神結合的觀念，是伊斯蘭教信仰的中心。

ta′widh　塔維德　伊斯蘭教世界中使用在很多地方的符咒，用以避開邪惡之眼。

ta°ziya　塔維德　十二什葉派所演的受難故事，以紀念胡薩亞在伊斯蘭曆第一個月的犧牲。同時也指整個伊斯蘭曆一月中的所有哀悼過程。

traditionalist　傳統主義者　那些繼承從先知以降到歐洲殖民文化入侵前的伊

斯蘭教思想和文化，保守派一直盼望能回到過去的歲月。

Twelver Shi° is　**十二什葉派**　什葉教派中的重要一支，在伊朗擁有極大勢
　　　力。

ulama　**伍里瑪**　正統伊斯蘭教宗教學者。

Umayyads　**伍瑪亞德王朝**　第一個統治伊斯蘭教的王朝。

umma　**翁瑪**　意指「國家」或「社會」，指全球各地信仰伊斯蘭教者所組成
　　　的社區。

umra　**翁拉**　到麥加城內卡巴朝聖，可以在教規指定必須遵守的宗教義務哈
　　　吉(Hajj)以外的時間內進行，它的地位比哈吉低，但仍然有宗教的價
　　　值。

usul al-fiqh　**烏蘇·阿菲跨**　伊斯蘭教律法的原則，用以解釋伊斯蘭教的法
　　　律。

Wahhabism　**瓦哈比主義**　伊斯蘭教傳統主義者的一種運動，大都集中在沙
　　　烏地阿拉伯，排斥現代的科技和社會革新，認為是腐化發展，
　　　鼓吹回到先知時期的伊斯蘭教社會。

wudu (wuzu)　**烏杜(烏蘇)**　祈禱前的淨身儀式。

zahir　**世俗的**　蘇非派所使用的專有名詞，什葉派用以形容特別是古蘭經中
　　　的隱義思想。

zakat　**扎卡**　佈施，每年須從財富中捐出一定的比例。

Zaydis　**沙伊德派**　什葉教派的一支，勢力範圍只限於葉門

zikr　見 dhikr。

聖日與節慶

Ashura（伊斯蘭曆一月十日）：伊斯蘭敎的贖罪日，素尼敎派在這一天自願禁食，同時也是什葉派一個很重要的聖日，紀念先知的外孫胡薩亞的殉道。

Eid Miladal-nabi（伊斯蘭曆三月十二日）：紀念先知的生日。

Laylat al-miraj（伊斯蘭曆七月二十七日）：紀念穆罕默德升天。在亞洲非阿拉伯國家裡又稱爲 Shab-e mi′raj 或是 Miraj gejesi。

Laylat al-bara′a（伊斯蘭曆八月十四日晚上）：當晚據信所有人來年的運氣都在天堂登記下來。人們以澈夜祈禱或是燈火通明的饗宴來慶祝。在南亞和東南亞，這一天同時也是祭祀去世祖先的日子，人們爲死去的先人準備各種祭品。同時也是十二什葉派第十二位領袖的生日，又稱爲 Shab-e barat。

Ramadan（伊斯蘭曆九月）：齋戒月。信徒在這整個月每天從日出前到日落後體禁食。

Laylat al qadr（伊斯蘭曆九月二十六日、二十七日夜晚）：力量之夜。是穆罕默德第一次獲得眞主啓示的紀念日。傳統上都在這個晚上向眞主祈禱。在亞洲非阿拉伯社會裡又稱爲 Shab-e qadr 或 Kadar gejesi。

Eid al-Fitr（伊斯蘭曆十月一日）：關齋節。慶祝齋戒月結束，是伊斯蘭敎一年中第二重要的節日，又稱爲次要日或糖果日。

Hajj（伊斯蘭曆十二月七至十日）：到麥加朝聖和環繞天房朝拜的儀式。朝聖者在這幾天直接參與這些儀式。

Eid al-adha（伊斯蘭曆十二月十日）：犧牲節。紀念亞伯拉罕犧牲他自己的兒子伊斯瑪，這是哈吉儀式的最高潮。也是伊斯蘭曆最重要的節日，同時也稱爲大節或牲祭節。

發音指南

以下是已儘量簡化的發音指南，說明一般所接納的正確發音。音節以空格分開，而重音部分則以斜體字印刷。除下表列有明解釋的這些以外，其餘字母均以一般英語方式發音。

a	flat	o	not
ah	father	oo	food
ay	pay	ōō	foot
ee	see	ow	how
e	let	u	but
ī	high	ă	about (unaccented vowel)
i	pity	izm	tribalizm
ō	no	j	jet

Abbasids: ă *ba* sidz
Abu Bakr: a boo *bak* ăr
Allah: *al* lah
Ash'ari: *ash* a ree
Aya: *a* ya
Ayatollah: *a* yat ol lah
Baraka: ba ra ka
Caliphs: *kay* lifs
Dhikr: *dhi* kăr
Faqih: fa *kee*
Fatwa: *fat* wă
Fiqh: fik
Hadith: ha *deeth*
Hajj: haj
Hijra: *hij* ră
Imam: i *mahm*
iman: ee *mahn*
Isma'ilis: is *mah* ee leez
Jihad: ji *hahd*
Ka'ba: *kah* ba
Kalam: ka *lahm*
Khalifa: ka *lee* fa
Masjid: *mas* jid
Mihrab: *me* rahb
Muhammad: mōō *ham* mad

Muharram: mōō *har* ram
Mu'tazila: mōō *ta* zi lă
Nabi: *na* bee
Namaz: na *mahz*
Qadi: *kah* dee
Qibla: *kib* lă
Qur'an: kōr *an*
Quraysh: ku *raysh*
Sajda: *saj* dă
Salat: să *laht*
Sema: se mah
Shahada: sha *hah* da
Shari'a: sha *ree* ah
Shi'i (Shi'ite): *shee* ee
Sufism: *soo* fee izm
Sunna: *sōōn* na
Sunni: *sōōn* nee
Sura: *soo* ră
Tawhid: tow *heed*
Ta'widh: tah *weedh*
Ulama: oo la mah
Umayyads: o *may* yadz
Umma: *ōōm* mă
Umra: *ōōm* ră
Wudu: wu *doo*

參考書目

Ervand Abrahamian, *Khomeinism: Essays on the Islamic Republic* (Berkeley: University of California Press, 1993)
A book explaining how the charisma of Khomeini came to dominate Iran after the revolution, and outlining the use of non-Islamic symbolism in sustaining the revolution.

Mahnaz Afkhami (ed.), *Faith and Freedom: Women's Human Rights in the Muslim World* (Syracuse: Syracuse University Press, 1995)
An important and critically written collection of essays on problems facing women in a wide variety of Islamic contexts.

Leila Ahmed, *Women and Gender in Islam: Historical Roots of a Modern Debate* (New Haven: Yale University Press, 1992)
A very readable survey book on issues of gender and religion in Islam.

Mohammed Arkoun, *Rethinking Islam: Common Questions, Uncommon Answers*. Trans. Robert D. Lee (Boulder: Westview Press, 1994)
Writings of an important modern Muslim thinker known for his liberal and pluralistic conception of Islam.

Allan D. Austin, *African Muslims in Antebellum America: Transatlantic Stories and Spiritual Struggles* (New York: Routledge, 1997)
Captivating stories of the lives of sub-Saharan Africans brought to the Americas as slaves.

Steven Barboza (ed.), *American Jihad: Islam After Malcolm X* (New York: Doubleday, 1993)
A collection of short and engaging essays from a wide spectrum of American Muslims writing about issues in their personal lives and communities.

Donna Lee Bowen and Evelyn A. Early (eds), *Everyday Life in the Muslim Middle East* (Bloomington: Indiana University Press, 1993)
A large number of short essays grouped thematically, which provide a window into Middle Eastern society.

Richard W. Bulliet, *Islam: The View from the Edge* (New York: Columbia University Press, 1994)
A scholarly but readable book that tries to show the importance of what are often considered societies peripheral to the development of Islamic culture.

Dan Cohn-Sherbok (ed.), *Islam in a World of Diverse Faiths* (New York: St. Martin's Press, 1991; rpt. 1997)
A scholarly set of essays by Muslim, Christian, and Jewish writers exploring the impact of Islam on pluralistic society.

Kenneth Cragg and Marston Speight, *Islam from Within: Anthology of a Religion* (Belmont, CA: Wadsworth, 1980)
Written as a textbook, this is a good source of original Islamic texts dealing with a variety of subjects.

Farhad Daftary, *The Isma'ilis: Their History and Doctrines* (Cambridge: Cambridge University Press, 1990)
A lengthy but engaging treatment of the Isma'ili Shi'i sect.

FREDERICK MATHEWSON DENNY, *An Introduction to Islam* (New York: Macmillan, 1994)
A well-organized introductory textbook, particularly strong in its treatment of Indonesian society.

KEVIN DWYER, *Arab Voices: The Human Rights Debate in the Middle East* (Berkeley: University of California Press, 1991)
A collection of essays that demonstrate the variety and complexity in the debate about human rights.

E. VAN DONZEL (ed.), *Islamic Desk Reference*: compiled from the *Encyclopaedia of Islam* (Leiden: E.J. Brill, 1994)
A short, useful book, providing easy-to-find information on Islam.

ASGHAR ALI ENGINEER, *Islam and Liberation Theology: Essays on Liberative Elements in Islam* (New Delhi: Sterling Publishers, 1990)
The author focuses on a narrowly Indian context, but provides useful arguments in favor of seeing some Islamic social movements as part of a worldwide movement of liberation.

CARL ERNST, *The Shambala Guide to Sufism* (Boston: Shambala, 1997)
An informative, thorough, and highly readable introduction to Islamic mysticism and its place in society.

JOHN L. ESPOSITO, *Islam: The Straight Path*. 3rd edn (New York and Oxford: Oxford University Press, 1998)
A popular introductory treatment of Islam, particularly strong in its treatment of the modern era.

JOHN L. ESPOSITO and JOHN Q. VOLL, *Islam and Democracy* (New York and Oxford: Oxford University Press, 1996)
A clear treatment of issues facing Muslim political societies in a number of contexts.

RICHARD ETTINGHAUSEN and OLEG GRABAR, *The Art and Architecture of Islam, 650–1250* (New York: Viking Penguin, 1987)
An excellent overview of the subject by two of the most respected authorities in the field.

ABU HAMID AL-GHAZALI, *The Ninety-Nine Beautiful Names of God: al-Maqsad al-asna fi sharh asma Allah al-husna*. Trans. David B. Burrell and Nazih Daher (Cambridge: Islamic Texts Society, 1995)
An enchanting meditation on the nature of God by one of the most widely read medieval Muslim theologians and mystics.

ABU HAMID AL-GHAZALI, *The Remembrance of Death and the Afterlife: Kitab dhikr al-mawt wa-ma ba'dahu*. Trans. T.J. Winter (Cambridge: Islamic Texts Society, 1989)
A fascinating overview of medieval attitudes toward death, written by one of the most widely read medieval Muslim theologians and mystics.

MEHRDAD HAGHAYEGHI, *Islam and Politics in Central Asia* (New York: St. Martin's Press, 1995)
A scholarly survey work on an important part of the Islamic world that has, until recently, been largely cut off from the course of world events.

MARSHALL G.S. HODGSON, *The Venture of Islam*. 3 vols (Chicago: University of Chicago Press, 1974)
An exhaustive and authoritative treatment of the central Islamic lands from the advent of Islam until the twentieth century.

STEPHEN R. HUMPHRIES, *Islamic History: A Framework for Inquiry* (Minneapolis: Bibliotheca Islamica, 1988)
A scholarly but very readable discussion of how best to understand the course of Islamic history.

SHIREEN HUNTER, *Iran after Khomeini* (New York: Praeger, 1992)
An informative book on Iran after the death of Ayatollah Khomeini.

ROBERT IRWIN, *Islamic Art in Context* (New York: Harry N. Abrams, 1997)
A beautifully illustrated and very engaging attempt to show the relationship between Islamic art and society.

G.H.A. JUYNBOLL, *Muslim Tradition: Studies in Chronology, Provenance, and Authorship of Early Hadith* (Cambridge: Cambridge University Press, 1983)
A learned, analytical treatment of the history and nature of Hadith.

GILLES KEPEL, *The Prophet and Pharaoh: Muslim Extremism in Egypt*. Trans. Jon Rothschild (London: Al Saqi Books, 1985)
Focusing on the groups that assassinated former Egyptian President Anwar Sadat, the book demonstrates how the ideas of Islamist writers have been adopted by extremist political groups.

MAJID KHADDURI, *The Islamic Conception of Justice* (Baltimore: The Johns Hopkins University Press, 1984)
An important work on aspects of Islamic ethics.

ROBERT D. LEE, *Overcoming Tradition and Modernity: The Search for Islamic Authenticity* (Boulder: Westview Press, 1997)
A scholarly but clear treatment of critical aspects of the religious thought of four important twentieth-century Muslim thinkers.

PHILIP LEWIS, *Islamic Britain: Religion, Politics and Identity among British Muslims* (London: I.B. Taurus and Co., 1994)
A comprehensive treatment of issues involving the Muslim community in Great Britain.

RICHARD C. MARTIN, *Islamic Studies: A History of Religions Approach*. 2nd edn (Upper Saddle River, NJ: Prentice Hall, 1996)
A good introduction to Islam that goes beyond simply outlining Muslim beliefs and practices to situate itself within the wider field of the historical study of religion.

N. I. MATAR, *Islam for Beginners* (New York: Writers and Readers Publishing, 1992)
An interesting introduction to important aspects of the religion, making extensive use of graphics.

AMINAH BEVERLY McCLOUD, *African American Islam* (New York and London: Routledge, 1995)
The most comprehensive overview of the subject.

FATIMA MERNISSI, *The Veil and the Male Elite: A Feminist Interpretation of Women's Rights in Islam*. Trans. Mary Jo Lakeland (Reading, Massachusetts: Addison-Wesley, 1991)
An important book that argues for a feminist reexamination of the early sources of Islamic religious history.

MOOJAN MOMEN, *An Introduction to Shi'i Islam* (New Haven: Yale University Press, 1985)
A lengthy but clear and well-organized introduction to the subject.

SACHIKO MURATA and WILLIAM C. CHITTICK, *The Vision of Islam* (New York: Paragon House, 1994)
A fine introduction to Islam intended for the dedicated reader who is primarily interested in the spiritual aspects of the religion.

H.T. NORRIS, *Islam in the Balkans: Religion and Society between Europe and the Arab World* (Columbia: University of South Carolina Press, 1993)
The most comprehensive book on the subject.

FAZLUR RAHMAN, *Islam*. 2nd edn (Chicago: University of Chicago Press, 1979)
A widely read introduction to Islam written by a respected Muslim scholar.

FAZLUR RAHMÀN, *Major Themes of the Qur'an* (Minneapolis: Bibliotheca Islamica, 1980; rpt. 1989)
A clear yet scholarly book that attempts to present the author's extensive reflections on the Qur'an

to a nonspecialist audience.

A. KEVIN REINHART, *Before Revelation: The Boundaries of Muslim Moral Thought* (Albany: State University of New York Press, 1995)
An important scholarly book on questions of morality and ethics.

JOHN RENARD, *Seven Doors to Islam: Spirituality and the Religious Life of Muslims* (Berkeley: University of California Press, 1996)
An excellent and highly recommended introduction to Islam, providing the variety and richness of the religion and the cultures with which it is affiliated.

JOHN RÉNARD (ed.), *Windows on the House of Islam: Muslim Sources on Spirituality and Religious Life* (Berkeley: University of California Press, 1998)
The best anthology of translated materials from a wide range of contexts.

YANN RICHARD, *Shi'ite Islam*. Trans. Antonia Nevill (Oxford: Blackwell, 1995)
A clearly written, scholarly work on the subject.

ANDREW RIPPIN and JAN KNAPPERT (eds), *Textual Sources for the Study of Islam* (Chicago: University of Chicago Press, 1986; rpt. 1990)
An excellent collection of translated materials from a wide range of contexts, all thematically arranged.

JOHN RUEDY (ed.), *Islamism and Secularism in North Africa* (New York: St. Martin's Press, 1994)
A scholarly but accessible introduction to the subject.

MALISE RUTHVEN, *Islam: A Very Short Introduction* (Oxford: Oxford University Press, 1997)
An extremely brief introduction that emphasizes the political aspects of the religion.

ANNEMARIE SCHIMMEL, *As Through a Veil: Mystical Poetry in Islam* (New York: Columbia University Press, 1982)
An engaging introduction to the nature and role of mystical poetry.

ANNEMARIE SCHIMMEL, *Mystical Dimensions of Islam* (Chapel Hill: University of North Carolina Press, 1975)
A very engaging introduction to Sufism by one of the most respected scholars in the field.

MICHAEL SELLS (trans. and ed.), *Early Islamic Mysticism: Sufi, Qur'an, Mi'raj, Poetic and Theological Writings* (Mahwah, New York: Paulist Press, 1995)
A collection of well-selected readings, exquisitely translated.

MUHAMMAD ZUBAYR SIDDIQI, *Hadith Literature: Its Origin, Development and Special Features*. Edited and revised by Abdal Hakim Murad (Cambridge: Islamic Texts Society, 1961; revised ed. 1993)
A very scholarly, but valuable overview of the subject of Hadith written from a traditional Muslim perspective.

BARBARA F. STOWASSER, *Women in the Qur'an: Traditions and Interpretation* (New York: Oxford University Press, 1994)
An important, exhaustive treatment of the subject.

RICHARD TAPPER (ed.), *Islam in Modern Turkey: Religion, Politics and Literature in a Secular State* (London: I.B. Tauris and Co., 1994)
A fine introduction to the subject.

B. TIBI, *Islam and the Cultural Accommodation of Social Change*. Trans. Clare Krojzl (Boulder: Westview Press, 1991)
An important scholarly treatment of some of the problems facing Islamic society in the contemporary world.

中文索引

九劃

英文索引

宗教的世界6

伊斯蘭教的世界
Islam

作者	賈麗·愛利雅思(Jamal J. Elias)
譯者	盧瑞珠
主編	王思迅
責任編輯	張海靜　潘永興　王文娟
封面設計	徐璽
電腦排版	冠典企業有限公司
發行人	郭重興
出版	貓頭鷹出版社股份有限公司
合作出版	世界宗教博物館發展基金會
發行	城邦文化事業股份有限公司
	台北市信義路二段213號11樓
	電話：(02)2396-5698
	傳眞：(02)2357-0954
郵撥帳號	1896600-4　城邦文化事業股份有限公司
香港發行	城邦(香港)出版集團
	電話：(852)2508-6231
	傳眞：(852)2578-9337
新馬發行	城邦(新馬)出版集團
	電話：(603)2060-833
	傳眞：(603)2060-633
印刷	成陽印刷股份有限公司
登記證	行政院新聞局局版北市業字第1727號
初版	1999年12月
定價	180元

國家圖書館出版品預行編目資料

伊斯蘭教的世界／賈瑪‧愛利雅思（Jamal J.
  Elias）著：盧瑞珠譯　　初版　　臺北市
  ：貓頭鷹出版：城邦文化發行，1999〔民88〕
　　　面；　　公分‧--（宗教的世界：6）
參考書目：面
含索引
譯自：Islam
ISBN 957-0337-32-X　　（平裝）

  1.伊斯蘭教

250　　　　　　　　　　　　　　88016732